E eu, não sou intelectual?

Copyright © Bárbara Carine Soares Pinheiro, 2025
Copyright © Editora Planeta do Brasil, 2025
Todos os direitos reservados.

Preparação: Júlia Braga
Revisão: Layane Almeida e Caroline Silva
Projeto gráfico e diagramação: Gisele Baptista de Oliveira
Capa: Isabella Teixeira

CIP-BRASIL. CATALOGAÇÃO NA PUBLICAÇÃO
ANGÉLICA ILACQUA CRB-8/7057

Carine, Bárbara
 E eu, não sou uma intelectual? : um quase manual de sobrevivência acadêmica / Bárbara Carine. -- São Paulo : Planeta do Brasil, 2025.
 160 p.

 Bibliografia
 ISBN: 978-85-422-3165-6

 1. Educação 2. Ciências sociais I. Título

25-0094   CDD 370

Índices para catálogo sistemático:
1. Educação

Ao escolher este livro, você está apoiando o manejo responsável das florestas do mundo e de outras fontes

2025
Todos os direitos desta edição reservados à
Editora Planeta do Brasil Ltda.
Rua Bela Cintra, 986, 4º andar – Consolação
São Paulo – SP – 01415-002
www.planetadelivros.com.br
faleconosco@editoraplaneta.com.br

*

Bárbara Carine

E eu, não sou intelectual?*

---

* um quase manual
de sobrevivência
acadêmica

 Planeta

Sumário

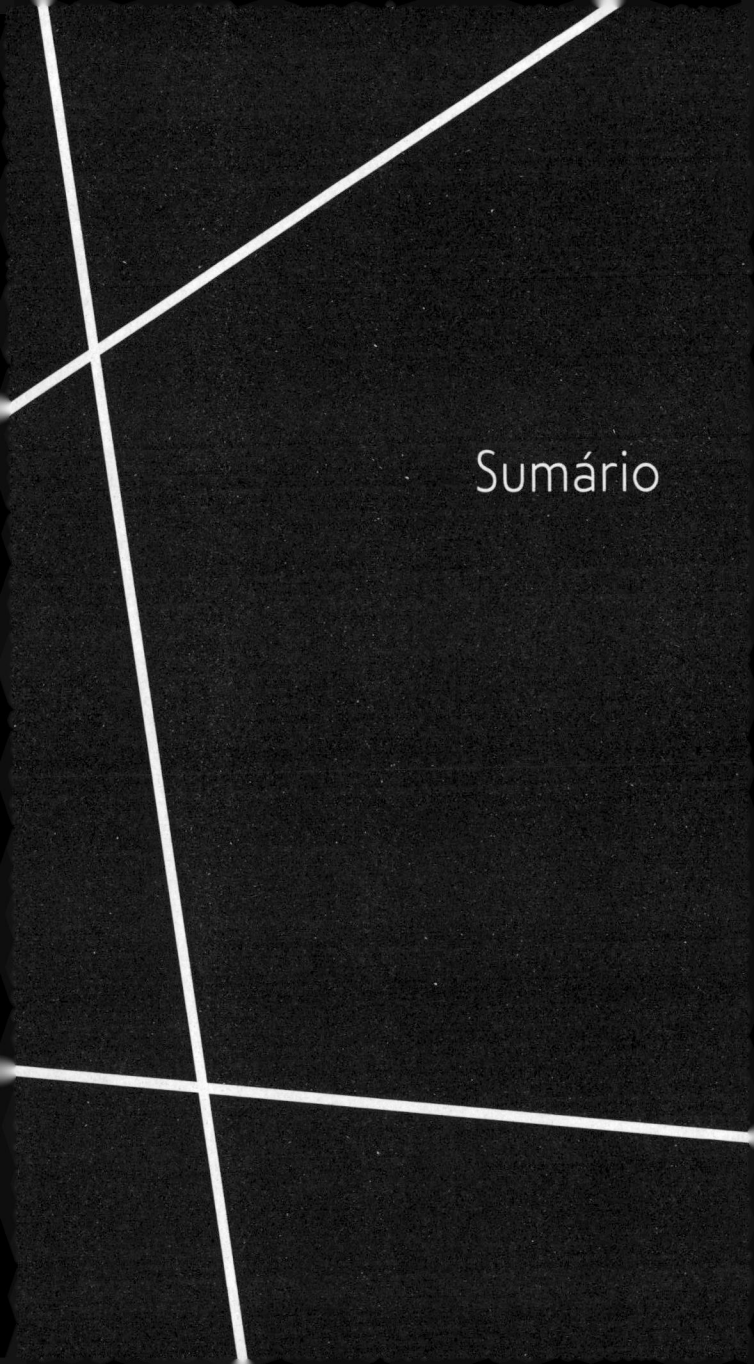

11 Prefácio, por Carla Akotirene

17 Apresentação

25 "A professora anda com o fio todo enfiado": um caso extremo de marginalização docente

47 Por que fico sempre nervosa na hora de apresentar o meu trabalho?

57 "Ela fala bem, mas não escreve bem"

67 Pesquisador especialista e pesquisador intelectual, há diferença?

75 Descolonização em afroperspectiva: quem descoloniza a decolonialidade?

93 Foi preciso mudar a minha relação com o tempo e com o meu conceito de produtividade

103
"Fui descredenciado da pós-graduação e sobrevivi"

113
"Ou se é mãe ou se tem produtividade. Os dois não dá!"

123
Nem marxista, nem decolonial, nem feminista... hoje sou um tanto barbarista

135
Ser mediano não é ruim

143
"E Bárbara Carine lá é nome?" – O exercício acadêmico dos pequenos poderes

151
Referências

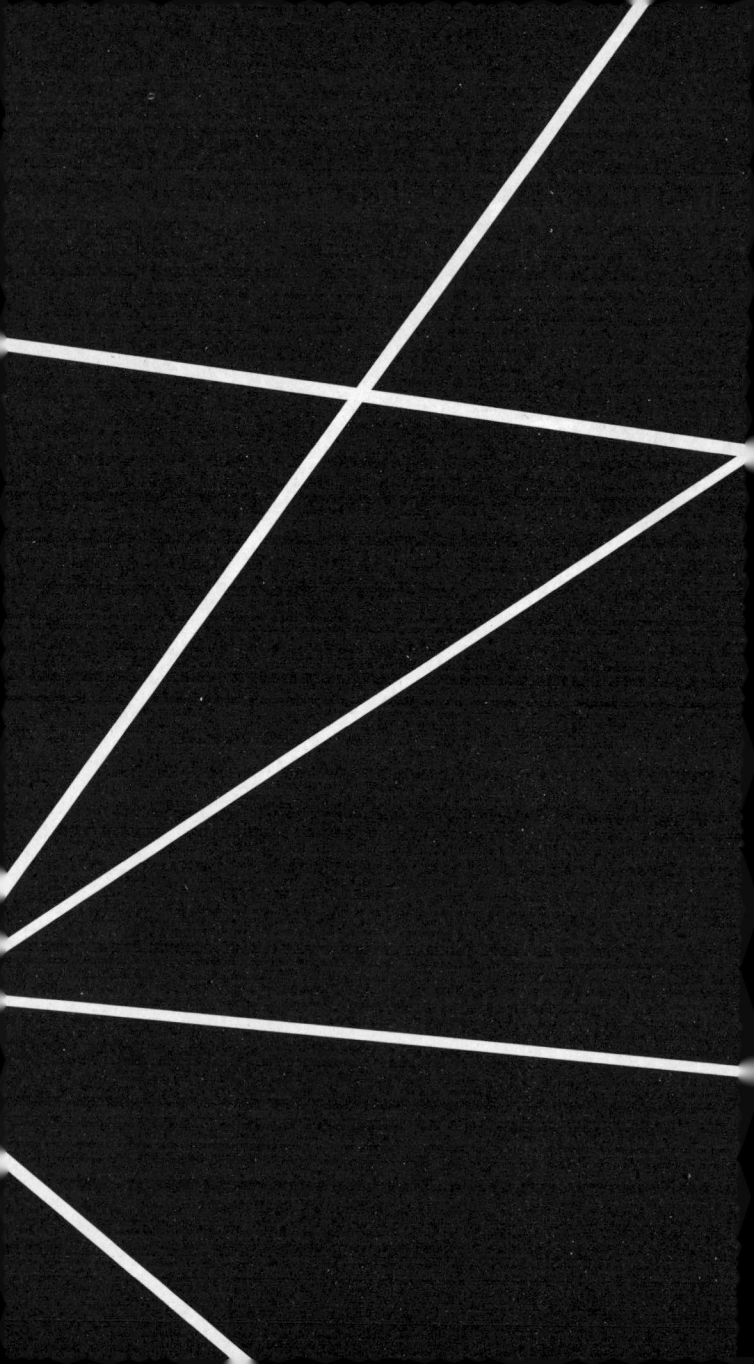

Prefácio

Esta obra é uma cantiga de chamamento do Sul global contra a pilhagem epistêmica. Não se trata aqui de tentativa vã de filiar-se ao marxismo, aos feminismos e à decolonialidade, afinal, estamos diante da pluralidade teórica do Orí, divindade-cabeça orientada para a autonomeação intelectual.

Sofisticada e disruptiva, a doutora Bárbara Carine cresceu na periferia de Salvador. Ela compreende, por experiência vivida, sob quais condições de classe, gênero e raça trazemos em nossa escrita o som dos tiros dentro da comunidade.

Professora da Universidade Federal da Bahia, nunca abriu mão das curvas do cérebro, que sente prazer em dançar. Porque Orixá dança.

Tornar-se uma intelectual negra fora da moral cristã exigiu da autora refazer a fonte de regras do que a ciência entende como trabalho crível, pois as noções de neutralidade, a objetificação dos "outros", a visão cartesiana e a cultura ocidental tentam arrancar os nossos próprios sentidos de humanidade.

O patriarcado racista institucionalizado repercute o tempo inteiro imagens depreciativas dos corpos negros e indígenas, buscando criar embaraços intelectuais.

Eu não acredito em intelectual que não dança.

Lá em Ohio, em 1851, Sojourner Truth perguntou às feministas hegemônicas durante a Convenção dos Direitos das Mulheres se "nós negras não somos mulheres", tendo em vista a brancura receber privilégios de gênero em termos de feminilidade.

Hoje, Bárbara Carine provoca os homens brancos cis burgueses neurotípicos heterossexuais a se questionarem: "a mulher negra não é uma intelectual?!".

A branquitude acadêmica nunca precisou criar aproximações estéticas conosco ou com repertórios amefricanos para ser considerada como tal. Urge denunciarmos a hierarquia entre mente e corpo, que dita que a professora universitária não pode "andar com o fio todo enfiado". Deve rebolar, ainda que fale bem e escreva bem.

Convido as leitoras e os leitores a provarem dessa oferenda analítica.

No barracão do conhecimento, precisamos de mais irmãs e irmãos de barco, batendo palmas para a doutora Bárbara Carine.

Com estas folhas publicadas, sendo Bárbara, veio dar nome na praça. Intelectual Diferentona.

Carla Akotirene é uma militante antirracista, doutora em Estudos de Gênero, Mulheres e Feminismos.

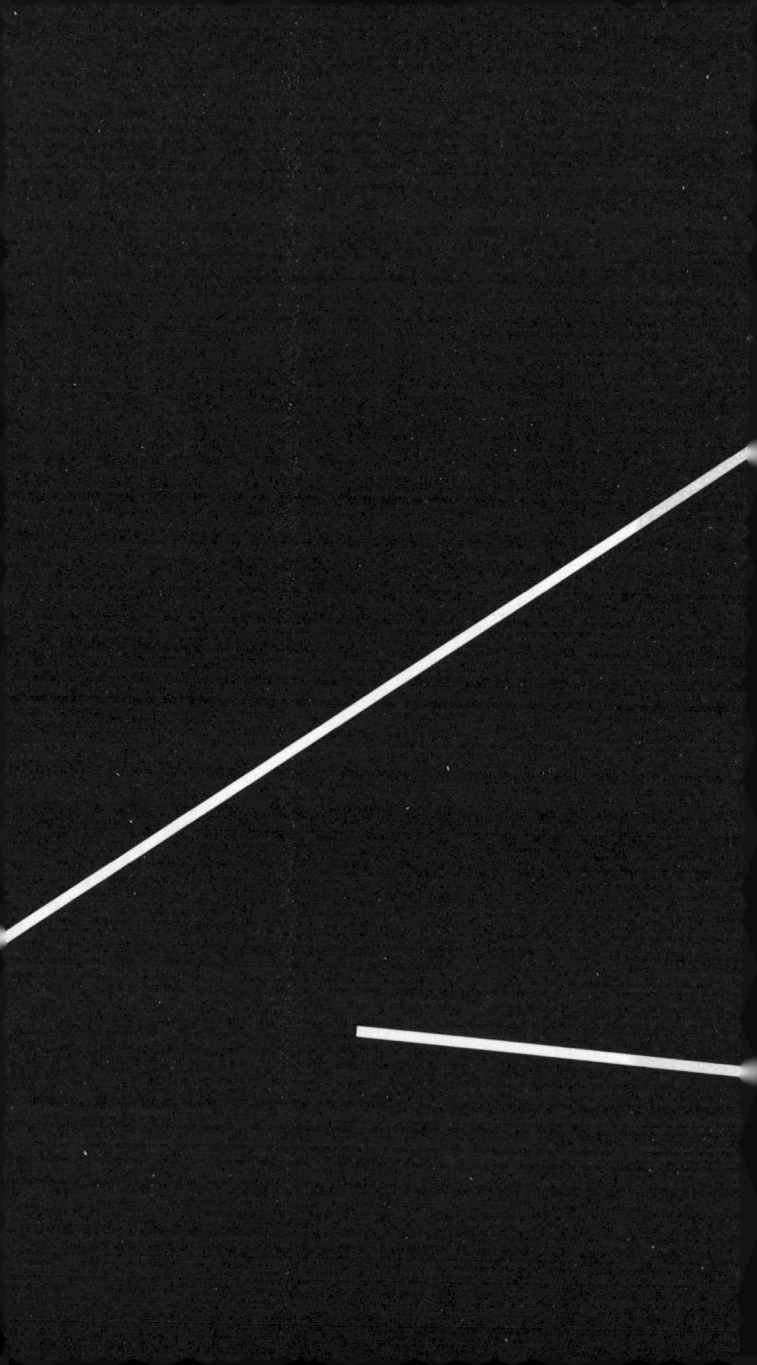

Apresentação

Me despi de você

No dia em que eu me despir de você
Você vai ver
A vida vai ter mais dendê
Vai ser um badauê
Um fuzuê
Furdunço na avenida do meu coração
Acalorado
Emocionado
Controlado
Marcado pelo passo da solidão
No meio da multidão
Corpos ocos
De si e de nós
Corpos porcos
Chafurdam nos seus padrões
Nos porões
Nos infernos dos seus bordões
Ahhhh, mas eu vou me despir de você
Que me mancha
Não cansa de me atrasar o lado
Não pode assim, assado, de quatro
Nem com quatro
Cela que você nos impôs
Nos propôs

Uma vida de trouxa
Pouca
Insossa
Tô nua, hein?!
Cansei de você
Essa liberdade é de sifudê
Eu vou beber
Vou sofrer
Me erguer
Não estou mais à mercê
Aqui você não vem mais
E nem manda capataz
E se vier, venha de lado
Porque de frente é barril dobrado
Vaza daqui e vê se não enche
Nem tente
Mexer mais com gente
Insurgente
Que não mais se rende
Aos seus apertos de mente[1]

---

[1] Poema extraído do livro *Uma intelectual diferentona em verso e prosa*.

Denominei-me intelectual diferentona por me perceber uma pensadora que não se permite moldar no padrão performático da intelectualidade ocidental, esse sisudo, com pouca leveza, pouca liberdade, formatado unilateralmente para prescrever o nosso modo de falar, de vestir, de sentir, de existir. Esse padrão de intelectualidade que estabelece autores brancos homens cis europeus e estadunidenses como os guardiões das "verdades" epistêmicas, esse padrão que prevê que intelectual não toma um porre, não ri de bobagens, não transa, não dança, não chora, não ama... ou, se faz tudo isso, tem que fazer de modo imperceptível. Ou ainda esse padrão tenso mesmo, que parece que existe principalmente para aterrorizar a vida de quem está pedindo a ele a bênção para acessar o seu "Olimpo" intelectual; esse padrão que humilha candidatos a uma vaga de mestrado e doutorado na banca de seleção, que, por puro sadismo, ridiculariza pesquisadores de pós-graduação em suas bancas de defesa diante de suas famílias e muito mais. É óbvio que a intelectualidade ocidental tem construído o mundo há séculos, impulsionando o desenvolvimento sócio-histórico da humanidade nos âmbitos científico, tecnológico, literário, filosófico, artístico etc. Não há como negar a importância da intelectualidade ocidental, mas será que não dá para fazer isso de outro modo? Mais humanizado e humanizador? Um jeito mais justo, no qual conhecimentos não andem na contramão dos afetos?

Nomeei-me intelectual diferentona, mas refletindo muito decidi que não quero ser "diferente". Desejo um espaço social em que eu apenas seja e não difira, destoe ou seja vista como uma intelectual "café com leite" (como a gente falava na infância na minha favela), sem seriedade, alguém que não está de fato inserida na "brincadeira". Talvez na intelectualidade ocidental eu seja sempre uma estrangeira, mas e se de repente eu criar um espaço acolhedor para os/as dissidentes como eu? Obviamente eu não sou a única; existem muitos outros na contramão do conservadorismo acadêmico ocidental. Quem sabe a intelecpluralidade seja uma saída... ou uma entrada, uma porta de acesso a nós mesmos, às nossas próprias normalidades cotidianas que, para a academia em questão, não passam de insubordinações pitorescas e idiossincráticas.

Ao longo dos meus estudos de pós-doutorado na Cátedra de Educação Básica da Universidade de São Paulo (USP) em 2022, sob a supervisão da brilhante professora Dra. Gislene Aparecida dos Santos, a única professora negra do Instituto de Estudos Avançados da Universidade de São Paulo (IEA-USP) na ocasião do meu pós-doc, criei o conceito de intelecpluralidade. Talvez aqui neste parágrafo você tenha até sentido vontade de ir embora. Em um só trecho reuni palavras como "conceito", "pós-doutorado", "cátedra" e "USP", que comumente remetem a uma escrita técnica com uma linguagem de difícil acesso. Mas não é nada disso, não. A intelecpluralidade vai justamente na contramão dessa perspectiva de uma intelectualidade dura, que eu até tentei contrariar intitulando-me uma intelectual diferentona, mas não tenho interesse em ser atípica dentro de um conceito. Existe uma separação entre as pessoas intelectuais e as intelectuais diferentonas, e eu quero caber em uma adjetivação que me represente, mas não me marginalize. (Se você me segue nas redes sociais, não se preocupe.

Sei que por lá a galera curte o codinome "intelectual diferentona" e, assim, eu o manterei.) Como procurei um conceito que abarcasse a minha perspectiva de intelectualidade e não achei, criei a intelecpluralidade, que não tem o intuito de ser um mero neologismo. A intelecpluralidade é uma categoria de descolonização do pensamento que pauta a ruptura com o modelo único de intelectualidade imposto pela óptica brancocêntrica ocidental, prevendo uma ritualística epistêmica e performática para a constituição da pessoa intelectual.

Cabe aqui destacar que este livro realiza o exercício de apresentar tanto a ideia de intelecpluralidade quanto, sobretudo, de que forma, dentro dessa perspectiva, várias tensões acadêmicas muito corriqueiras no nosso cotidiano são lidas e por vezes solucionadas.

"Pronto, Bárbara. Você cometeu o suicídio literário de anunciar o conceito central do livro logo na apresentação. Agora já tenho o que preciso para citar no texto da minha pesquisa e não lerei o restante da obra." Peço por favor que não faça isso. Não apenas por vaidade pessoal, mas principalmente porque a ideia deste livro é ser um percurso de descobertas e autoconhecimentos, em relação à construção não só do ideário de intelectual brasileiro, como também do entendimento de quem você é nesse contexto e do porquê de ter escolhido esse caminho por vezes único.

"A professora anda com o fio todo enfiado": um caso extremo de marginalização docente

Deixe a minha raba

Você diz que a minha dança é vulgar

A vulgaridade vem de dentro do seu lar

Da morada da sua mente
atrasada, dopada, travada

Que trava a face diante dos
corpos não mortos em vida

Corpos postos no mundo como penas

Pena que voa livre levada pelo vento

Pena que você não está aqui

Pra ver como a minha dança me faz sorrir

Pra relaxar a sua cara sisuda
e movimentar no baile da vida

Pra dificuldade

Um chambre

Uma ginga

Um plié

Uma mandinga

Uma sarrada

Uma botada

Diante da sua boca torta que dizia

Intelectual ela não seria

Pois se assim o fosse

Não dançava

Se importava com uma sociedade vazia de si

Que nos enche de hipocrisia

Deixe a minha raba

Que não trava

Como trava a sua garganta

Diante dessa vida amarga[2]

---

[2] Poema extraído do livro *Uma intelectual diferentona em verso e prosa*.

O título do capítulo é um trecho de um hit lançado em 2009 por uma banda de pagode baiana chamada O Troco. Para quem não acompanhou o caso, aconteceu que, naquele ano, em um dos shows desse grupo, Jaqueline Carvalho, que trabalhava como educadora infantil em uma escola privada de Salvador, subiu no palco e dançou a música "Todo enfiado" com outras mulheres que também estavam na plateia e se dispuseram a subir para dançar quando convidadas pelo cantor. O momento foi gravado, e o vídeo circulou amplamente nas redes sociais e no YouTube. Em menos de um mês, a professora Jaqueline foi identificada por famílias e profissionais da escola e, conforme disse o diretor da escola na época, foi demitida por decisão unânime, sem direito a autodefesa ou qualquer justificativa. A música não tinha a palavra "professora" anteriormente – o trecho que intitula este capítulo costumava ter a palavra "piriguete" no lugar de "professora" –, mas, mediante o linchamento público gigantesco sofrido por Jaqueline, a música foi para o primeiro lugar das mais ouvidas da Bahia e tornou a banda muito conhecida, fato que motivou a alteração do refrão. É curioso que, embora outras mulheres tenham subido no palco e dançado, muito provavelmente todas tendo uma profissão, isso não chocou tanto a sociedade quanto a "professora" dançar. Mas o que causa tanto espanto na dança sensual de uma professora se não é na sala de aula, nem em um evento com as famílias, nem na reunião pedagógica?

A docência e a moral cristã

Professoras e professores são sujeitos sociais que têm como papel a socialização de saberes sistematizados historicamente pelo conjunto de homens e mulheres com as novas gerações. Ou seja, professoras lidam com conhecimento, seja com socialização de conhecimentos específicos ou até mesmo produzindo novos conhecimentos, principalmente no campo didático-pedagógico. A questão central relacionada à professora ter sido a única profissional ali exposta de forma negativa está justamente atrelada ao fato de a sua profissão lidar com o conhecimento. Eu analiso essa problemática a partir de dois fatores principais.

Grosso modo, a moral é um conjunto de normas voltadas para o agir concreto em sociedade; é aquilo que regulamenta as nossas ações. Infelizmente, fomos moralizados pelas bases comportamentais do colonialismo. Quando os assassinos, sequestradores e ladrões portugueses chegaram aqui neste território há quatro séculos, rapidamente se organizaram para mobilizar o seu principal braço opressor ao longo da história, que foi a Igreja. Os jesuítas vieram para catequizar os povos originários da terra e, mais tarde, nossos ancestrais africanos e africanas. Mas o que significa catequizar? Significa ensinar a agir conforme os ensinamentos bíblicos e com base nos dogmas da Igreja. "Ensinar a agir" – a isso damos o nome de moral cristã. É a moral cristã que baliza fortemente nossas ações e nosso modo de pensar contemporâneo. Mesmo que você nem cristão seja, está tudo aí duramente enraizado na sua cabeça.

A moral cristã traz uma perspectiva castradora da vida humana em diversos sentidos. Primeiro ela retira a centralidade da vida da própria vida e a coloca no pós-vida, na vida após a morte; vivemos para conquistar o reino dos céus, somos estrangeiros aqui. Depois promoveu ao longo dos tempos uma inversão de valores. Nas sociedades anteriores à era comum ocidental, eram valoradas a força, a coragem, a altivez. A moral cristã chega e transforma tudo isso que era visto como bom, como qualidade, em algo ruim; os antigos valores passam a ser características de pessoas arrogantes do ponto de vista social, e tendências de submissão e humildade se tornam valorizadas. A questão do corpo também sofre um atravessamento: muitas sociedades exaltavam a força do corpo dos guerreiros, de modo que o corpo tinha um importante valor social; como a moral cristã constrói a relação de foco com o pós-vida, o corpo passa a ser efêmero, menor, desimportante em detrimento da alma, que é aquilo que é eterno. Esse rebaixamento do corpo e a sua moralização no sentido do puritanismo e do desprezo dos "prazeres da carne" – pois eles nada inferem na conquista do reino dos céus – colocam a nossa relação com o corpo em um lugar castrador da sua beleza, das suas sensações, das suas manifestações, dos seus desejos. Esses desejos são simbióticos, são nossos como um todo, não de um corpo isolado. Mas a moral cristã os coloca nessa esfera de segmentação.

Desumanização dos corpos negros

Quando pensamos em corpos negros, então, a situação fica ainda mais crítica no que tange à moral cristã. Isso porque, associada à filosofia e à ciência modernas, a Igreja teve um papel importante na desumanização de pessoas negras no mundo. O racismo científico negava a humanidade negra por meio de postulações e estudos empíricos, a exemplo da craniometria, que estabelecia que brancos europeus e estadunidenses tinham crânio maior e, portanto, um cérebro maior e, desse modo, eram mais humanos. Isso desembocou no uso de pessoas negras como cobaias em experimentos científicos – grande parte da ginecologia moderna se desenvolve a partir de experimentos realizados em mulheres negras, principalmente haitianas e porto-riquenhas – e em assassinatos – por exemplo, o médico inglês Robert Knox (1791-1862), considerado um dos maiores cientistas raciais da Europa, comprava cadáveres nas mãos de serial killers para estudar os esqueletos, sobretudo o crânio, com o interesse de fundamentar a tese craniométrica do racismo científico.

O racismo científico é uma corrente teórica iniciada no século XIX que se utilizou de "evidências" empíricas científicas para justificar a inferioridade ou superioridade raciais. Essas teorias raciais baseavam-se nos postulados do racismo científico, qual seja, a ideia de que a humanidade estava dividida em raças, e estas conformavam uma hierarquia biológica, na qual os brancos ocupavam uma posição superior. No século XXI, com os estudos genéticos contemporâneos, essa noção de raça biológica cai por terra. Contudo, o conceito social de raça se tornou fortemente presente no imaginário coletivo, e a ideia sociológica da inferioridade humana de pessoas negras baliza ainda hoje grande parte das relações sociais no Brasil. Desse modo, não adianta afirmar que o racismo não existe por sermos todos humanos; o racismo existe justamente porque a humanidade o criou.

Apesar da ampla difusão das teorias advindas do racismo científico que se espalharam no Brasil e no mundo em meados do século XIX, desde o século XVII essas ideias já perpassam os processos de produção de conhecimento de forma a legitimar o escravismo nas Américas a partir não só da constituição da noção de raças, mas também da hierarquização destas, estabelecendo uma lógica de animalização de corpos negros.

Na modernidade europeia, grandes filósofos legitimaram esse processo de desumanização de corpos negros, fortalecendo o pensamento de que pessoas negras eram inferiores, portanto menos humanas que as brancas, e que por isso deveriam se submeter a estas dentro de relações hierárquicas. Cito aqui alguns deles: Hegel, David Hume, Immanuel Kant, Max Weber, entre outros.

Ao passo que a ciência e a filosofia negavam a humanidade negra e reforçavam o escravismo, a religião cristã católica também o fazia, afirmando que negros não tinham alma. Ciência, filosofia e cristianismo montaram a grande tríade de legitimação escravocrata da história. Dentro do paradigma cristão católico, a humanidade é criada pelo sopro de vida do espírito, e possuir alma é um traço constitutivo fundamental da essência humana. Não tendo alma, pessoas negras eram apenas um corpo destituído de humanidade e, sendo assim, ofereciam só aquilo que um corpo é capaz de oferecer: sexo (por isso pessoas negras são até hoje hipersexualizadas) e trabalho (por isso fomos irrestritamente utilizados em trabalho escravo).

A contradição disso tudo é que a moral cristã historicamente nos desumanizou, mas depois retornou para nos catequizar, civilizar e nos ensinar a viver como gente dentro dos seus moldes limitadores da existência humana.

Controle dos corpos

Além da força da moral cristã no rebaixamento e no controle do corpo, precisamos olhar também para a cosmopercepção dual ocidental, responsável por separar corpo de mente, de modo que uma professora que exerce um trabalho de ordem intelectual não pode manifestar a pulsação de um corpo que existe e celebra. É uma percepção altamente contraintuitiva imaginarmos que, em um mundo de tantas simbioses, nós conseguimos separar razão de emoção, corpo de pensamento, pois a gente pensa, sente, ama, chora etc., tudo ao mesmo tempo; não há segmentação. Ainda assim, essa dicotomia ocidental se torna um marcador existencial não só em pesquisas como também, sobretudo, em nossas vidas.

O Ocidente constrói e impõe o nosso modo de existir a partir de uma série de dualismos: razão *vs.* emoção, essência *vs.* aparência, céu *vs.* inferno, sujeito *vs.* objeto, mundo sensível *vs.*

mundo inteligível, corpo *vs.* alma ou espírito etc. Esse espírito, seja pela moral cristã, seja pela concepção filosófica (a exemplo da hegeliana), se contrapõe ao corpo. Em uma óptica, ele é o traço imortal da vida (o corpo morre e o espírito fica), o que o torna superior ao corpo. Na outra, o espírito absoluto é a grande unidade da idealidade; aqui, o espírito absoluto é a razão absoluta, completamente destituída de vínculos sensoriais; é o pensamento puro apartado da experiência sensitiva do mundo.

A lógica de separação entre corpo e pensamento incide em todas as instâncias de nossa vida. No campo da produção e reprodução de conhecimento, espera-se uma neutralidade axiológica, que é a separação absoluta entre sujeito e objeto, o que, em muitos casos, implica em o pesquisador ou pesquisadora ter um olhar isento de todas as emoções ou vivências ou, como diria o filósofo Francis Bacon, a partir do expurgo de todos os ídolos. É uma coisa tão sem noção que fico imaginando como os pesquisadores e pesquisadoras de áreas como dança e educação física, por exemplo, se sentem vendo e lendo sobre essas dicotomias, pois eles não têm como desarticular corpo de pensamento, mas não são levados em consideração dentro desse campo de análise. Há muito pensamento na arte criativa dos corpos; não é possível dissociar.

Justamente por essas razões anteriormente expostas não se esperava que a professora, que trabalha com o pensamento, dançasse uma música de tamanha exaltação ao corpo, do mesmo modo que não esperam que professoras ou intelectuais em geral vão à praia, transem, se "entreguem aos prazeres da carne".

Eu sou uma mulher negra que cresceu na periferia de Salvador. Cresci com tudo aquilo que a favela pode oferecer: respeito às mais velhas da rua (ai de nós se não escutássemos dona Chiquinha, dona Marlene, dona Neusa, dona Zelita, mainha, dona Jaci), senso de comunidade (uma mãe negra saía para trabalhar e, mesmo que não deixasse o filho a cargo de ninguém, todo mundo tomava conta; à noite, quando ela chegava do trabalho, ela já sabia de tudo que a criança tinha aprontado o dia todo), alegria mesmo em meio a tantas ausências. Mas cresci também em meio à violência que diariamente ceifava nossas vidas e me fazia ver o corpo preto nesse lugar menor, cotidianamente tombado no chão. Cresci ainda aprendendo a olhar para o meu corpo como a sociedade olhava para ele: forte e vulgar. Obrigava-me a pegar muito peso e a achar que, sim, pessoas negras eram geneticamente mais fortes (puro suco de racismo científico que eu não entendia). Foi um longo processo para eu entender os limites do meu corpo e, ainda assim, em algum canto do meu inconsciente, habita a ideia de que eu sou fisicamente diferenciada do ponto de vista da força e das habilidades esportivas que necessitam dela.

Era um espaço festivo, mesmo que eu não entendesse como as pessoas falavam que não tinham comida no meio da semana, mas no final de semana sempre tinha churrasco, cerveja e pagode. Eu adorava dançar pagode (ainda hoje amo), sonhava em ser a Débora Brasil, a dançarina negra do Gera Samba (que se tornou É o Tchan), a única dançarina negra da história da banda. Lembro que me achava "feia de cara" e que, por isso, precisava cuidar bem do meu corpo e mantê-lo sempre exposto se quisesse ser positivamente notada. Lembro-me de um São João no interior da Bahia, em que fazia muito frio, mas eu, já adolescente, achava que só conseguiria uma paquera se expusesse bastante pele. Dessas experiências femininas de autoestima destruída na favela, que não eram só minhas, surgiu a expressão "piriguete não sente frio".

Eu realmente amava dançar. Dançávamos na rua, criávamos coreografias, montamos grupos de dança. Para essa atividade, meu estilo musical preferido era o pagode baiano. Cresci sendo atravessada por esses elementos na minha constituição subjetiva. Quando entrei na universidade, tudo isso foi negado. Em busca de aceitação, afastei-me completamente dessas bases. Na minha turma da graduação ingressaram quarenta estudantes, dos quais apenas dois éramos negros. Foram anos de graduação, mestrado e doutorado performando naquilo que a academia branca ocidental pautou como padrão de intelectualidade, e eu me rendi e não me julgo: eu era negra, nordestina, favelada... tudo que socialmente é afastado da noção de intelectualidade, pois resume a gente a um corpo (e nós já entendemos aqui o porquê).

Na minha cabeça, para ser reconhecida como um ser pensante, eu precisava me aproximar o máximo possível da branquitude. Como isso não era possível fenotipicamente, me embranqueci culturalmente: parei de frequentar o terreiro do meu tio Alfredo (e aqui tenho uma das maiores dores da minha vida, pois meu tio, que era um babalorixá e me ajudou financeiramente a infância toda, morreu e, por tê-lo abandonado completamente, eu só soube disso um ano depois), parei de ouvir pagode baiano e, por consequência, parei de dançar. Ainda, passei a usar roupas com menos cores, gesticulações mais contidas, palavreado também moderado (sem "favelês"), mudei a estação de rádio de Piatã FM para Nova Brasil FM (que é uma excelente rádio, mas não era o que me representava naquele contexto, não era o que cresci ouvindo com meus vizinhos). Enfim, um caminho de ilusão que parecia sem volta, apesar de eu saber que tudo continuava aqui dentro. Lembro-me das vezes em que eu estava no ponto de ônibus para ir para a faculdade e de repente passava um carro com o som "no talo", tocando um pagodão... eu ficava com minha cara blasé, demonstrando completa indiferença à música, mas minha alma dançava.

Descolonizando nossas existências

Em determinado momento da minha trajetória acadêmica, que obviamente se cruza com a minha trajetória de vida, notei que tinha me formado a partir de uma lógica de espelho quebrado. Foi uma formação sem referências pessoais positivadas: não lia intelectuais negros e negras, desconhecia cientistas negros e negras, não tinha tido professores negros e negras em nenhuma etapa da minha formação acadêmica – e isso em Salvador, uma cidade onde 84% das pessoas são negras. Coloquei-me então a questionar as minhas bases epistêmicas completamente brancas e passei a buscar articulação com os movimentos sociais negros presentes na universidade, bem como, de forma autônoma, a ir atrás de referências literárias negras para me formar intelectualmente, ressignificando a minha subjetividade enquanto pensadora. Nesse movimento profundo de acesso a conhecimentos que me tinham sido negados, fui entendendo uma série de coisas, como por que eu me achava menos bonita e inteligente que o restante da minha turma na faculdade, por que minhas escolhas afetivas costumavam levar em conta homens brancos como padrão de beleza, o quanto tinham escamoteado a minha grandeza e a grandeza do meu povo, condensando-a em uma história única que mentia acerca da nossa origem e das nossas potencialidades.

Ainda nesse longo processo de descolonização do pensamento e da existência, que não se encerrou e que continuará até o fim da vida, notei que havia me afastado de quem eu era – não só dos meus amigos e amigas de infância, como também de familiares – em virtude de um pensamento branco elitista. Havia me afastado da minha essência enquanto mulher negra favelada que tinha uma corporeidade, uma gesticulação, um modo de gargalhar, de falar, de se expressar no mundo. Havia me afastado da minha cultura, das músicas que eu amava, das festas que gostava de frequentar, das minhas danças. Naquele momento, optei pela manutenção da minha existência, pela defesa de quem eu era, e não daquilo que tinham me pautado ser, e fiz o movimento sankofa de "voltar e pegar tudo aquilo que ficou pelo caminho". Eu já havia compreendido como a academia me sequestrara de mim, e agora eu precisava fazer o resgate. Foi quando voltei a procurar meus amigos e amigas de infância, passei a fazer festas na minha favela para ter mais reuniões familiares, voltei a frequentar afetivamente a Fazenda Grande do Retiro, busquei conhecer o quilombo Mocambo dos Negros (no qual minha mãe nasceu e de onde toda a minha família materna veio), voltei a frequentar as grandes festas negras de que eu gostava (festas que, de forma racista, são tidas como "festas de gente feia e perigosa"), voltei a ouvir meu pagode e a dançá-lo.

Fiz tudo isso em articulação com o seguimento das minhas produções intelectuais, compreendendo que não preciso desenvolver uma dimensão da minha existência (a intelectualidade) abrindo mão da efervescência humana que eu sou. Eis que surge a intelectual diferentona com sua intelecpluralidade. "Intelectual" porque produzia conhecimento como todo e qualquer pensador acadêmico. "Diferentona" porque não performava no campo existencial universal imposto pelo Ocidente para todas as pessoas producentes de conhecimento.

Obviamente que ser uma intelectual diferentona sendo professora universitária é muito difícil. Vira e mexe vinha algum orientando comentar de professores que falavam alguma coisa de modo pejorativo a meu respeito, sempre tentando usar meus vídeos de dança e fotos de biquíni postadas por mim nas redes sociais para descreditar minha intelectualidade.

Duas vezes em Salvador virei notícia da ampla comunidade quando divulguei casos nas minhas redes sociais. Uma situação foi quando, pelas mensagens diretas do Instagram, uma jovem me falou que fui assunto do grupo de pesquisa dela quando uma colega sugeriu meu nome para a banca e a orientadora negou informando que eu "só fazia dançar, atualmente". Outra situação foi quando, por pouquíssimo tempo, fui candidata à vice-reitoria da universidade, sendo que recentemente havia feito um ensaio fotográfico sensual e postado algumas fotos no Instagram; alguns professores printaram fotos e as disseminaram em grupos de WhatsApp com o comentário "Ó a candidata de vocês aí, ó". Recebi essa denúncia de três colegas (homens), também professores da universidade (um deles, inclusive, já estava aposentado). Isso porque, naquele momento, eu já tinha dez anos de atuação como professora e pesquisadora na universidade, era autora de oito livros (um deles finalista no Prêmio Jabuti no ano anterior a esse incidente), tinha publicado diversos artigos e feito cerca de cinquenta orientações de graduação, mestrado e doutorado, e já era conhecida nacionalmente por ter criado o currículo da primeira escola afro-brasileira do país (a Escola Afro-brasileira Maria Felipa). Nada disso importava. Aquela frase "Ó a candidata de vocês aí, ó" representava muito bem o reducionismo ocidental que nós mulheres, principalmente mulheres negras, e ainda mais mulheres trans, sofremos nessa sociedade.

Essas coisas eu vivi com pessoas brancas militantes e não militantes, mas vou dizer a você que até dentro da militância negra reproduzimos os padrões brancos de formatação existencial e produção de conhecimento. Muitas vezes mudamos a agenda de pesquisa, mas buscamos desenvolvê-la exatamente dentro do formalismo que a branquitude ocidental pauta. Enfim, até dentro da militância negra já fui chamada pejorativamente de "militante whey protein", reduzindo toda a minha atuação social, mais uma vez, ao meu corpo.

Em síntese, a vida de uma intelectual diferentona é muito solitária do ponto de vista acadêmico (no caso de ser uma intelectual da academia, já que acredito enormemente que a academia não é o único caminho para o desenvolvimento da intelectualidade – nisso há muito de intelecpluralidade). É midiático quando encaramos o lado das redes sociais, mas profundamente solitário no campo da prática profissional cotidiana. É justamente aqui que reside a minha identificação imediata com a professora Jaqueline Carvalho. Quando esse linchamento social ocorreu com ela, eu estava no final da minha graduação. Se eu já estivesse nas condições de alcance social que tenho hoje, certamente eu teria sido um ponto de apoio para essa educadora naquele contexto, pois, nas devidas proporções, sinto literalmente na carne o mesmo peso da bizarrice racista e patriarcal que ela sentiu.

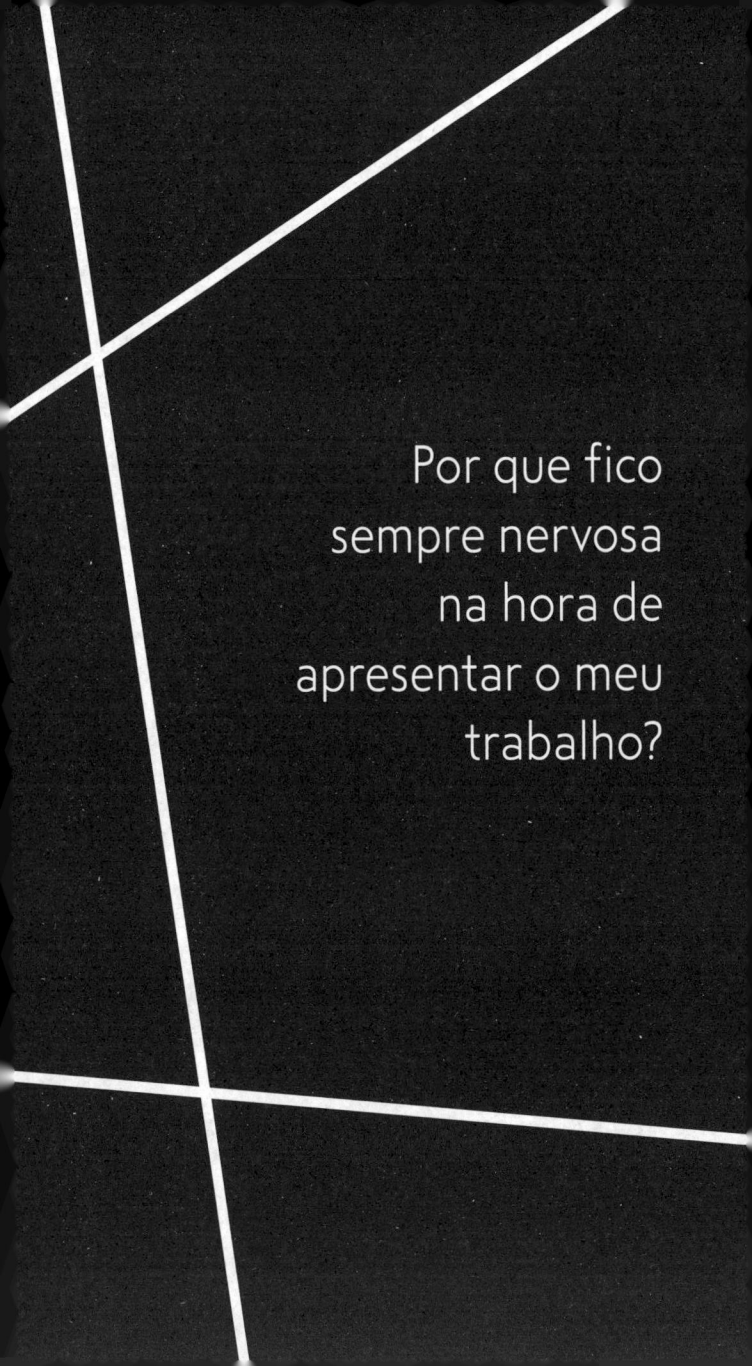

Por que fico sempre nervosa na hora de apresentar o meu trabalho?

Apenas fale

Fale ao mundo a que tu veio

Não deixe que falem por você

Ou como você deve falar

Fale ao mundo a que tu veio

Se você gosta de escrever

Se você ama estudar

Fale ao mundo a que tu veio

Diga a partir da sua mancha de dendê

E carregue o seu patuá

Fale ao mundo a que tu veio

Comunique que não está à mercê

E que a sua identidade na
fala você vai empregar

Fale ao mundo a que tu veio

Se não for pra ser você

Nem vá lá dar ousadia ao
outro de lhe ridicularizar[3]

---

[3] Os poemas sem referência são autorais
e inéditos, especialmente produzidos
em ocasião da escrita deste livro.

Achava curioso o fato de que, sempre que eu ia apresentar um trabalho, ou em uma disciplina decorrente de um estudo que fiz ou em um congresso proveniente das minhas pesquisas acadêmicas, eu ficava extremamente nervosa. Dava uma tremedeira, a voz ia embora ou ficava baixa e tremida, eu sentia um aperto no peito, uma falta de ar, não conseguia me mover nem me deslocar no espaço de apresentação (parecia que tinham pregado meus pés no chão), tampouco conseguia gesticular ou, quando o fazia, não articulava bem os gestos com a intenção da fala. Já teve vez até de eu não conseguir sequer passar os slides de tamanho desespero com a apresentação. Acontece ou já aconteceu com você?

Repetidas foram as vezes que passei por esse perrengue, até o dia em que pensei: como é possível eu estar apresentando algo sobre o qual sei muito – pois é a minha pesquisa e nesse ambiente ninguém sabe mais da minha pesquisa do que eu mesma – e, ainda assim, sentir-me nervosa?

E se eu falar do meu jeito?

Na situação que descrevi, estava posto que a fala, assim como a escrita (de que trataremos mais adiante), tem dois elementos fundamentais: o conteúdo e a forma. Se o conteúdo estava ok e era de meu pleno domínio, obviamente o problema só poderia estar na forma. Eu apresentava os meus trabalhos a partir do formato de oralidade que tinha me sido imposto academicamente por meio de uma colonialidade linguística.

A colonialidade é esse padrão subjetivo de rebaixamento existencial de um grupo social frente àqueles autointitulados colonizadores. Digo isso porque, se indígenas e africanos tivessem a prerrogativa de nomear esses sujeitos, certamente os chamariam de demônios, assassinos, genocidas, ladrões, sequestradores e por aí vai... tudo, menos colonizadores. ==A relação colonizador e colonizado se estabelece para além do campo objetivo; ela se materializa também na língua, ou melhor, na colonialidade linguística.==

De modo geral, a colonialidade é uma máquina de impressão de "verdades" monoculturais: só uma história é assumida, só uma beleza é exaltada, só uma religião é a do Deus verdadeiro, só uma epistemologia é a validada, só uma linguagem é assumida. Povos altamente poliglotas, como os africanos e indígenas, são treinados para se embotar intelectualmente como os seus agressores, precisando abrir mão do desenvolvimento sociocognitivo gigantesco que aprender diversas línguas gera e abraçar uma monocultura linguística do seu opressor.

Surge aqui a ideia de idioma e dialetos. O idioma é aquele do colonizador, enquanto os dialetos são as diversas formas de comunicação oral que vieram antes por parte dos povos intitulados colonizados. O idioma do tal colonizador floresce como erva daninha que sufoca os outros, fazendo-os morrer pouco a pouco culturalmente por inanição. Esse idioma é imposto, com a sua norma culta e, obviamente, com o campo performático discursivo do colonizador, e é justamente aqui que as opressões de linguagem e oralidade se cruzam. A oralidade incorpora a linguagem atrelada aos outros subsídios corporais utilizados na comunicação.

Povos africanos eram e seguem sendo povos alegres e festivos – tem festa para nascer, festa para morrer, festa para se tornar adulto, festa para casar, festa para a colheita, festa para a chegada de certas estações do ano –, e essa cultura festiva é a herança mais viva dos nossos ancestrais. Não é à toa que a cidade mais negra do mundo fora do continente africano, Salvador, é altamente estigmatizada no Brasil como "uma cidade de um povo preguiçoso que só faz festa". A preguiça fica a cargo dos tribunais de Lombroso e das teses do racismo científico de Nina Rodrigues, que quis pautar características geneticamente maléficas para o povo negro, a exemplo da preguiça. Já a festividade a gente abraça, sim, como diz a canção eternizada na voz marcante do cantor Lazzo Matumbi: "apesar de tanto não, tanta dor que nos invade, somos nós a alegria da cidade". Somos um povo alegre em tudo, inclusive na fala, na gesticulação, na movimentação.

De repente vi isso tudo, que é tão meu, barrado na academia mediante a reprodução de um sistema colonial linguístico que impõe a cultura da seriedade como contraposição à da alegria. Retiraram a alma da nossa fala, a sua principal essência celebrativa e integradora. Lá estava eu, sozinha, comunicando apartada da noção comunitária, das minhas emoções, como premissa fundamental de desenvolvimento intelectual: a razão, o espírito absoluto, precisa se sobrepor aos sentimentos. Trata-se de uma fala neutra, isenta de subjetividades e paixões. Deusa é mais viver uma vida sem paixão.

Não tenha vergonha de falar

Minhas apresentações acadêmicas me geravam muito desconforto e mal-estar. Foi quando notei que estava falando dentro do campo performático do outro, dentro do paradigma branco ocidental. Assim, as pessoas que sempre assistiam às minhas apresentações ou me avaliavam eram pessoas brancas (aliás, toda a minha formação acadêmica foi atravessada por essa característica central, em anos de graduação, mestrado e doutorado; tive apenas um professor negro no quinto semestre do curso de química). Logo, eu fazia exposições orais dos meus trabalhos justamente no campo performático de quem assistia a essas apresentações, pessoas brancas que se sentiam confortáveis dentro dos padrões de colonialidade que reverberavam o poder delas sobre as outras. Foi quando eu fiz a escolha, já pautada no meu processo de descolonização (refletindo desde aquele momento sobre a estética única dos autores que eu lia, repensando a minha relação com meu corpo, passando a fazer escritas que também reproduzissem a minha subjetividade), de falar e me expressar como um todo a partir do meu lugar no mundo, como uma mulher negra favelada de ascendência quilombola que tinha uma corporeidade oriunda dessa constituição social que não podia ser castrada ou reprimida diante da noção de superioridade branca ocidental. Aqui também nasce um pedacinho da intelectual diferentona que não o é apenas por ser uma intelectual da educação que também dança. Nasce também a intelecpluralidade como uma via de liberdade intelectual de não apartamento entre corpo e mente.

O interessante era que, desde a minha atuação na favela, como catequista durante a minha adolescência, as pessoas já comentavam sobre a minha boa oratória na comunicação com as famílias durante as reuniões ampliadas quando eu pegava no microfone (teve gente até que, naquele contexto, me sugeriu entrar para a política). No entanto, quando entrei na universidade, surgiu aquela "timidez" típica de pessoas negras em espaços brancos – a "timidez" do não lugar, do sujeito que se sente estrangeiro no ambiente. Passei a falar menos e a querer não ser notada naquele espaço.

O fato é que eu já tinha uma boa oralidade, mas tenho a plena compreensão de que a desenvolvi muito a partir das minhas experiências de sociabilidade. Mesmo com todos os problemas no âmbito da representatividade, a universidade ajudou no meu desenvolvimento por meio dos conteúdos que aprendi e pelo desenvolvimento dos instrumentos do pensamento nos processos de aprendizagem que auxiliaram enormemente no exercício da minha prática argumentativa.

Coloco na conta da universidade também o meu desenvolvimento de repertório por meio da atuação nos movimentos negros organizados, que, apesar de não serem institucionais da academia, foram experiências que vivi dentro dela. Minhas histórias externas à universidade também foram essenciais, como as vivências "de rua" desde a minha infância na favela. Aprendi que precisava ajustar a fala (o que falar e como) a partir dos diferentes públicos, que precisava me movimentar, gesticular, usar distintos tons de voz e expressões faciais. Entendi que a comunicação é uma arte que se desenvolve ao longo da vida, mas que só se torna marcante se cada um encontra a sua verdade e performa discursivamente a partir dela.

==Não tenha vergonha de falar. Fale como for, mas fale.== Fale na frente do espelho, fale para familiares, fale para seu melhor amigo, fale para seu cachorro, fale para você mesmo andando na rua. Não importa como: fale. Fale até você se sentir confortável com sua fala e ir sentindo, avaliando e direcionando os caminhos de melhoria dela, tanto para a sua finalidade central – a compreensão do outro – quanto para o seu bem-estar com você mesma ou mesmo.

"Ela fala bem, mas não escreve bem"

A minha escrita

Eu escrevo sobre a dor
As pessoas acham que eu tô sofrendo
Eu escrevo sobre o amor
Elas acham que estou apaixonada
Eu escrevo sobre sexo
Elas acham que eu tô transando
Eu escrevo sobre dança
Acham que estou me movimentando
A escrita nos move local e temporalmente
Para onde desejamos estar naquele momento
Sem necessariamente estarmos ali
Aquilo tudo pode até nem existir
Ou estar no seu imaginário
Que existe fora do calendário
Do seu tempo material
Será ele apenas o real?
Escrevo sobre o passado
Presente
Futuro
Escrevo sobre o infinito que há em mim em um segundo
E você insiste em limitar
Imitar

Quem limita o vento?

Quem contém a liberdade

Que pulsa, grita, arde o pulso
do peso dos teus grilhões?

A escrita liberta

Escrita de todas as formas

Teses, artigos, poemas, rimas,
declarações em um papel de pão

Para que escreves?

Eu não sei ao certo não

Mas sinto que não estou só

A garganta nem dá mais aquele nó

Estou acolhida no coração

Da literatura, não há solidão

A poeta errante, a sós, gauche,
desajustada

Não é um ser estranho

Acho que é isso

Ali meu desajuste se ajusta

Escrevo pra criar um mundo em que eu
caiba

Que não me molde

Que ali eu sempre volte

Onde o bater imponente das
minhas asas a ninguém assuste[4]

---

[4] Poema extraído do livro *Uma intelectual diferentona em verso e prosa*.

Como diz a grandiosa Conceição Evaristo no seu livro *Becos da memória*, a nossa escrita não deve ser a canção de ninar da casa-grande. Ela não deve ter como intuito fazer adormecer aqueles que se colocam socialmente como nossos senhores. Trata-se justamente de uma escrita para fazê-los despertar do sono profundo no qual repousam os seus privilégios. Dessa forma, pergunto: quem é o senhor da sua escrita hoje? A quem você escreve visando agradar como uma cantiga de ninar? É o seu orientador ou sua orientadora? É para a sua banca que você escreve, e não para você?

A escrita como espaço de liberdade

A escrita precisa ser para si acima de tudo. Ela é um movimento de reencontro consigo mesmo, ou talvez o seu único espaço de liberdade no mundo – aquele ambiente em que você chega, tira o sapato dos pés, o peso da mochila dos ombros, se despe e fica ali curtindo você com você mesmo. A escrita é, sobretudo, um espaço de acolhida e de liberdade. Se ela se torna um local de tensão e de contrariedade de si, perde a essência e é esvaziada. Uma escrita crua, seca, sem alma é reflexo de uma pessoa escritora sequestrada de si.

Escrever para si, em uma escrita técnica, jornalística ou criativa, não se limita a uma dimensão literária hermética na qual poucas pessoas entenderão o conteúdo do seu texto. Não é sobre escrever um texto sem alma, mas muito menos sobre a escrita de um texto enigmático no qual você é o único interessado e endereçado. ==Escrever é sobre ter a generosidade da partilha de seus conhecimentos.==

Certa vez, quando participei de uma banca de mestrado, um dos membros comentou que escrevia para ele mesmo e que não se importava que as pessoas não o lessem. Essa afirmação faz sentido do ponto de vista da necessidade pessoal de escrever. Eu tenho um pouco disso: se passo muito tempo apenas com trabalhos orais, sem o desenvolvimento da minha escrita, sinto-me triste. A escrita é também um lugar terapêutico para mim; ela me cura, me liberta. Entretanto, ao contrário do que disse o professor, a minha escrita não se restringe à cura de um processo de ansiedade que eu descarrego nas palavras e ideias registradas. Para mim, ela tem um sentido mais amplo.

No meu entendimento, o ato de escrever dialoga com a minha pretensão de eternidade, com o desejo de imortalidade que só a escrita é capaz de me proporcionar; por meio dela eu poderei existir de modo atemporal. Essa é a impressão que temos em relação aos livros publicados por escritores e escritoras que já não estão entre nós: mesmo que não estejam mais aqui, eles sempre estarão.

Eu escrevo para ser lida, não apenas lida no sentido da decodificação dos signos linguísticos, mas também como gente, como pessoa. Acredito que tenho coisas importantes a dizer, gosto das coisas que penso. Por mais transitórias que sejam, elas refletem exatamente quem eu sou e a minha maneira de construir na sociedade o mundo com que tanto sonho.

Vale destacar que a escrita sincera, aquela permeada de si, reflete quem se é, e aquilo que nós somos é mutável. Eu mesma já me li marxista em determinado momento da vida e escrevi livros sobre marxismo, já me vi feminista negra em determinado momento da vida e escrevi livro sobre isso, já me vi decolonial em determinado momento da vida e já escrevi livro sobre isso. Não vou entrar no mérito de explicitar minhas dissidências teóricas agora, pois farei isso mais adiante neste livro. Asseguro que sou formada por cada perspectiva que li e acessei ao longo da minha trajetória, e todas elas compõem o que sou hoje, mas atualmente prefiro não me dizer uma intelectual da teoria X ou Y. Prefiro me dizer uma intelectual que, no exercício da minha intelecpluraridade, reflete o mundo a partir de várias bases, optando por não se filiar paradigmaticamente a nenhuma delas.

No meu caminhar, vi pontos de concordância com as teorias e os pontos de discordância também, e optei por compreender que talvez eu seja meio pluralista para uns e difusa para outros. Permito-me olhar o mundo e interpretá-lo a partir da minha lente de análise constituída de múltiplas leituras e múltiplas vivências pessoais e coletivas. É aquele momento que só a intelecpluralidade me proporciona me libertar mais uma vez da intelectualidade branca ocidental e, com autonomia e honestidade, compreender que não é arrogante ou pouco inteligente me desprender da perspectiva de reprodutora e comentadora de teorias, mas que eu posso refletir o mundo sem necessariamente caber dentro dessas filiações paradigmáticas. Escrevo sobre isso hoje porque essa é a minha perspectiva atual. Daqui a dez anos pode não ser e está tudo bem. Não tenho vergonha da minha mutabilidade; pelo contrário, tenho muito orgulho por minha escrita refletir exatamente o que eu sou e como penso. Essa mutabilidade, para alguns, pode soar como um relativismo extremo, mas para mim aparenta ser o exercício sincero da minha existência.

Nossas escrevivências

Na perspectiva da intelectual negra Conceição Evaristo, é uma questão de escreviver. E não apenas a escrevivência como a mera junção das palavras "escrita" e "vivência", mas também das experiências emancipadoras que se aglutinam em uma escrita não neutra e apartada das suas emoções e percepções. É uma escrita sobre si que também é sobre todo um coletivo silenciado, destituído de potencialidade literária.

A categoria político-cultural da escrevivência foi de fundamental importância para mim no sentido de refletir a minha escrita como um reflexo de quem sou, como um espaço de extensão da minha existência em que me derramo, me acalmo, me indigno, em que me sinto viva. Desse modo, passei então a questionar uma fala muito recorrente no meio acadêmico: "não se escreve como se fala". Pense aí que coisa interessante, a academia brancocêntrica ocidental assegura que não se fala como se pensa e que não se escreve como se fala; um monte de subdivisão de quem se é para performar um lugar recorrente de desconforto para muitas pessoas. Trata-se daquele mesmo paradigma dicotômico ocidental. O mesmo Ocidente que separa razão de emoção é o que separa fala de pensamento e escrita de fala.

Tive uma orientanda de doutorado que era um fenômeno oratório; quando ela abria a boca para falar, todas as pessoas ficavam encantadas com a sua dicção, profundidade na temática abordada, capacidade de coesão e organização das ideias e didática expositiva. Entretanto, mesmo com todas essas características, o texto dela não saía. A escrita da tese estava bastante aquém das suas falas em absolutamente tudo, em profundidade, em coesão, em análises críticas, em autonomia interpretativa dos dados. Eu não conseguia entender que fenômeno era aquele: uma mulher que era brilhante na fala, mas escrevia mal. Analisei todas as possibilidades, desde preguiça a problemas familiares de perdas de entes queridos na pandemia de covid-19. Vi que não era preguiça de escrever: ela sofria por entregar textos tão distantes da sua fala. Foi quando eu entendi que havia uma dificuldade real nesse processo de "transposição" das ideias. Entendi ali que as rupturas propostas pelo Ocidente, no sentido de não se falar como se pensa e não se escrever como se fala, buscando fugir de uma escrita coloquial, deu muito errado, pois a escrita dela era mais coloquial do que a fala.

De fato, a maioria das pessoas fala de modo mais coloquial do que escreve, mas não era o caso dela. Além disso, não vejo problema nenhum na escrita simples, assertiva e efetivamente comunicativa. Muitas pessoas se perdem na escrita acadêmica criando verdadeiros enigmas decifrados por pouquíssimos pesquisadores e pesquisadoras da sua área. São escritas hermeticamente fechadas que não comunicam. É necessário aprender que a gente escreve principalmente para ser lido no sentido integral da leitura. Sugeri à minha orientanda, e faço hoje essa proposta a você também, que ela escrevesse a partir de transcrições literais de suas falas; propus que desse "palestras" para ela mesma em gravações de áudios no celular e que depois escrevesse aqueles áudios sem alterações, ou ainda que utilizasse o recurso do microfone de transcrição no Word (atualmente disponível em alguns notebooks) e que, na sequência, retirasse as gírias que possivelmente tivessem sido ditas, e depois analisasse quais trechos tinham falas com afirmações fortes, bem como trechos com ideias já consolidadas por outros autores e autoras, ou seja, ideias não autorais, e ali inserisse referências bibliográficas e citasse essas pessoas. Minha orientanda seguiu estritamente minhas orientações de escrita e terminou a tese defendendo um belíssimo texto autoral do qual nós duas nos orgulhamos muito hoje.

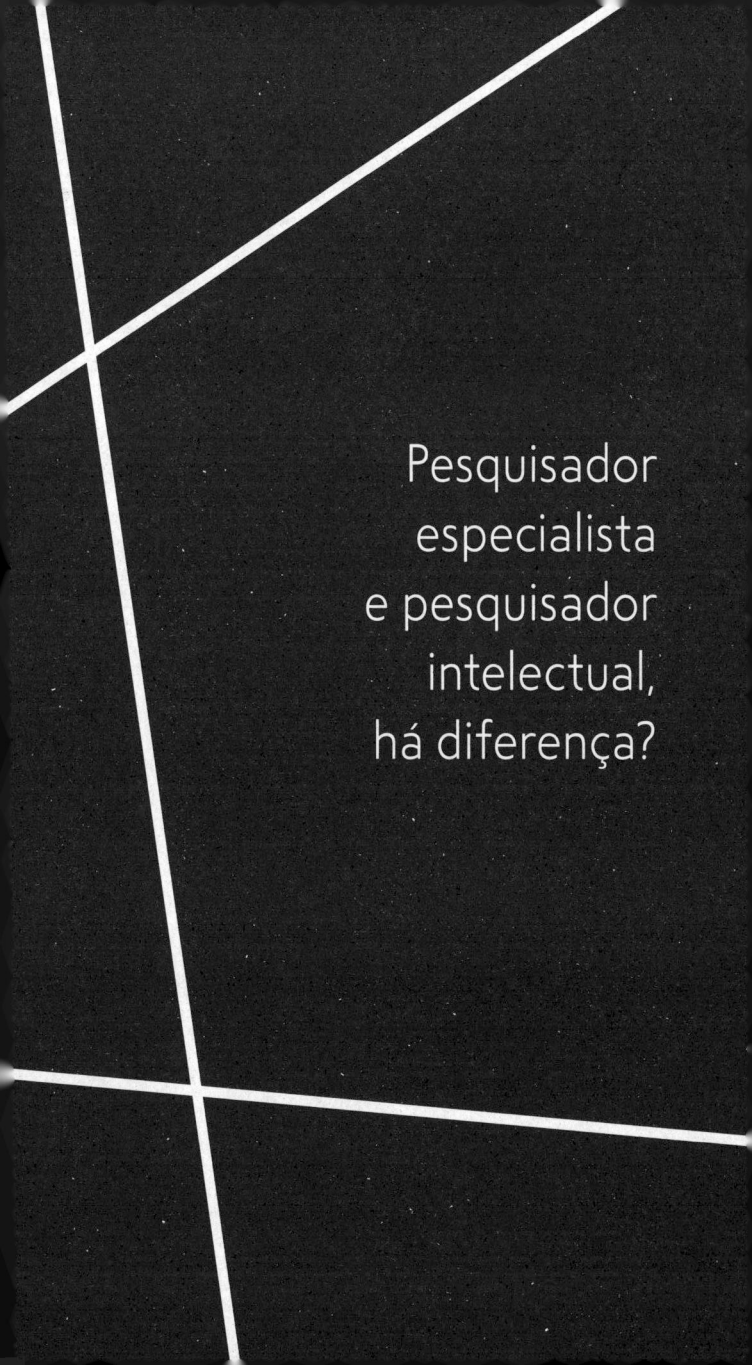

Pesquisador especialista e pesquisador intelectual, há diferença?

Intelectualidade?

Característico dos intelectuais
São pessoas normais
Não precisam ser boçais
Nem ter capacidades paranormais
Geralmente não são simplistas
Moralistas ou fundamentalistas
No Brasil são um tanto elitistas
E são mais generalistas que os especialistas.

Um pesquisador é necessariamente um especialista, mas não necessariamente um intelectual. Essa é uma leitura pessoal. Sei que para muitas pessoas gera desconforto ouvir essa afirmação, talvez soe até determinista (apesar de não ser a intenção), mas seguirei neste capítulo com o argumento e buscarei fundamentar essa perspectiva.

Sempre fui faminta por conhecimento, mas conhecimento de todo tipo mesmo, desde todas as disciplinas da escola aos ensinamentos das mais velhas da minha rua. Era mais que uma questão de nota, bem mais: era uma questão de satisfação pessoal em entender o mínimo que fosse dos diálogos que me cercavam e me atravessavam.

Na escola ainda dava para pensar a partir de uma perspectiva formativa omnilateral. Na universidade já não; a todo momento havia um convite à especialização; não que isso fosse ruim ou bom, apenas não era eu. Eu me via como um "pato" na universidade: o pato corre, voa e nada, mas dizem que ele faz mal todas as três coisas. Na graduação eu gostava de estudar os limites, derivadas e integrais no cálculo, além de fazer experiências no laboratório, ler sobre o conceito de alienação na sociedade, escrever poesias, pegar meu violão e arranhar umas músicas mal tocadas, ir para a praia e para festas e estar na presença de familiares e amigos. Eu não entendia o motivo pelo qual, para gostar de humanas, eu precisava odiar exatas, ou, ainda, por que para gostar de lazer eu tinha que odiar o estudo e o trabalho.

Trabalho e conhecimento

O trabalho é o fundamento ontológico do ser social, dentro da ontologia das perspectivas críticas. Mas o que isso significa, Bárbara? Dentro dessas teorias de base marxista, e eu tenho concordância com essa análise, o trabalho é a mediação intencional do ser com a natureza, e o ser que tem capacidade de intenção é o humano. No ato do trabalho nos tornamos humanos desenvolvendo os instrumentos do pensamento por meio dos processos de prévia ideação (que é a antecipação na nossa mente do fruto da nossa ação, uma espécie de projeto), a objetivação (a concretização do projeto, o ato em si) e a apropriação (a aprendizagem e os usos da cultura proveniente do trabalho). Contudo, a sociedade alienou o trabalho a ponto de nos sentirmos – e sermos – explorados e passarmos a odiar justamente aquilo que nos humaniza e amar exatamente aquilo que os outros animais também fazem imanentemente: dormir, transar, divertir-se. É justamente por isso que odiamos as segundas-feiras e amamos as sextas. Na real, todo mundo deveria trabalhar (não no sentido alienado), mas menos, tendo mais tempo para se divertir e fazer outras atividades diariamente, não apenas aos finais de semana. Mas, como as coisas não ocorrem assim, achamos que o lazer é oponente (e não complementar) aos trabalhos e estudos. Por isso parece meio contraditório o fato de que eu gostava de me divertir, mas de estudar e de trabalhar também.

O modo de produção de mercadorias sempre vai dialogar frontalmente com o modo de produzir relações sociais e com o modo de produzir conhecimento. Dentro do sistema capitalista, a produção de bens materiais se deu a partir da fragmentação do processo produtivo. O artesão perdeu o controle de todas as etapas; antes ele comprava os insumos, preparava sua produção no seu tempo e a vendia. Com o surgimento do capitalismo europeu, quem produz a mercadoria não é mais a mesma pessoa que compra a matéria-prima e não é mais a mesma pessoa que a vende. O tempo da produção já não é ditado por uma pessoa, mas pela linha de montagem, e ela já não domina mais o próprio processo global de produção; este foi segmentado, e cada trabalhador fica com uma parte, de modo a se alienar e não se perceber no todo, ou seja, o/a trabalhador/a não se reconhece no fruto do seu trabalho. A pessoa que trabalha na produção de carros não se vê como "fazedora" de carros – e, muitas vezes, nem tem um carro.

A produção de conhecimento segue a mesma perspectiva da esfera produtiva. Abre-se mão dos grandes sistemas filosóficos e científicos. Intelectuais que desenvolviam conhecimentos em muitas frentes já não são bem-vindos, exceto os gregos – o que reforça o racismo epistêmico –; são vistos como superficiais. As disciplinas ganham destaque social na singularidade sem a correlação entre elas, criando-se a ingenuidade de que uma pessoa da área de "exatas" não só deve não saber de "humanas" como deve odiar humanas.

Essa subdivisão tensa entre exatas e humanas, ciências e artes, só nos prejudica, principalmente do ponto de vista do progresso humano. Precisamos desenvolver o nosso psiquismo a partir das múltiplas lateralidades; é necessário ter uma formação omnilateral. Qual o benefício em se constituir a partir do pragmatismo das exatas sem a criticidade das humanas? Para que serve a criticidade das humanas sem o estímulo ao raciocínio lógico das exatas? Para que serve tudo isso sem a sensibilidade artística? Principalmente na escola, que é o espaço formativo humano por excelência, precisamos fomentar as relações de ensino e aprendizagem, abarcando e significando as variadas disciplinas. Quando um jovem decide que quer fazer direito, ele se pergunta "pra que serve a matemática?". A resposta para ele é que, mesmo que ele não use sequer uma regra de três no trabalho, o desenvolvimento dos instrumentos do pensamento impulsionados pela aprendizagem da regra de três o ajudará a se tornar um pouco mais gente, um pouco mais humano.

As disciplinas passaram a ter existências independentes umas das outras, exatamente como na base produtiva em que um é só apertador de parafuso na esteira de montagem, o outro é só colocador da roda e por aí vai. Essa fragmentação produtiva também gera a repartição da consciência, de modo que não se consegue compreender a produção na sua totalidade. No caso das disciplinas, uma pessoa da química acha que basta saber química para dar conta do seu trabalho, e o mesmo se aplica a outros componentes curriculares. Entretanto, é no diálogo entre os diferentes conhecimentos que desenvolvemos o novo e nos desenvolvemos humanamente. É óbvio que a especialidade é importante para o conhecimento; sim, conhecemos e nos aprofundamos pelas partes. Contudo, precisamos estruturar o conhecimento articulando dialeticamente parte e totalidade; temos, sim, que investigar as partes, mas reintegrá-las ao todo. Em outros termos, o problema não é a especialidade, pois ela é importante para o desenvolvimento do conhecimento, mas a alienação de imaginar que a especialidade em si se basta.

Nesse sentido, compreendo que a intelectualidade perpassa pela superação da alienação da especialidade em si, reintegrando esse específico à sua totalidade social percebendo como ela impacta e é impactada pela sociedade, como os outros campos de conhecimento podem se associar a ela, analisando a realidade social inclusive fora dos seus conhecimentos específicos decorrentes da sua pesquisa. Isso para mim é o intelectual – ou seria o intelecplural (risos) –, o sujeito que, na pluriversalidade existencial e na multiplicidade do saber, se encontra, se realiza e se concretiza. Desse modo, nessa perspectiva, nem todo especialista é um intelectual; às vezes, ele é somente um especialista mesmo, e está tudo bem também.

Descolonização em
afroperspectiva:
quem descoloniza
a decolonialidade?

O não ser do outro

Nos permitiram falar pelo outro

Lutar pelo outro

Pautar o outro

Um outro que já falava por si,
mas ninguém entendia

Não ouvia

Ou cria

Sua palavra só servia, quando
o sujeito universal a recria

Copia

Plagia

Não. O outro não pode se sentir ser.

A não ser que seja pelo nosso prover

Pois se a gente perde a tutela do outro

Como intelectualmente
iremos nos estabelecer?

No meu entendimento, a descolonização de saberes, para além de uma perspectiva epistemológica, é uma forma de reprodução existencial pautada na subversão das normativas impostas pelo Norte global, que representa mais que uma localização geográfica e epistêmica; trata-se de uma disputa de narrativa histórica e, portanto, uma disputa de humanidade.

O que é o belo? Quais vidas importam? Quem é digno do nosso amor? Entre quais pessoas o amor é legitimado? Quais crianças têm direito à infância? Quais mulheres têm direito a socialmente performar mulheridade? Quais idosos têm direito aos cuidados reservados à velhice? Quais religiões são aceitas? Quais povos têm direito à terra? A quem serve a meritocracia? Quais povos produzem a história universalizada? Quais conhecimentos são válidos ou mais importantes? Quais produções são científico-tecnológicas e por quê? Quem produz ciência? O que é a ciência? São questões que a nossa compreensão de descolonização abarca, saindo do lugar unilateral dessa episteme, enquanto referencial teórico, e refletindo tal perspectiva como suleadora de nossas vidas.

Nesse sentido, para além de definir importantes categorias decoloniais (tais como epistemicídio ou genocídio epistêmico, pilhagem epistêmica, giro decolonial, colonialidade do ser, do saber, do poder, colonialidade cosmogônica, entre outras) em produções textuais, buscamos pensar o mundo e projetar outra realidade a partir de um projeto histórico emancipador. Dizemos isso porque muitas vezes nos localizamos teoricamente dentro de referenciais progressistas e, ainda assim, desenvolvemos práticas sociais, dentro e fora da academia, dissonantes desses constructos teóricos. Não é incomum ver pessoas brancas antirracistas em seus debates e pesquisas acadêmicas objetivando, tutelando e fetichizando corpos e culturas negras e indígenas. Tampouco é incomum encontrar pessoas negras que pesquisam relações étnico-raciais, mas que assumem em suas práticas a discursividade branca, a cultura acadêmica branca como um marcador de excelência intelectual e critério de legitimação de si no campo.

A questão é quanto aquilo que você estuda e produz intelectualmente no campo da decolonialidade interfere em quem você é, no seu olhar sobre o mundo, no modo como trata as pessoas, os colegas, os discentes, em como você se relaciona no universo. Entendemos, portanto, dentro desse espaço acadêmico, que a questão é o quanto a decolonialidade auxilia no processo de desconstrução de personagem que a academia impõe para nossas existências. Essa reflexão nutre uma relação indissociável com o conceito de intelecpluralidade.

Descolonização dos saberes

Descolonizar a vida para, assim, descolonizar os saberes. Por meio do processo de descolonização de saberes é possível desconstruir paradigmas de existência humana. Historicamente, as ciências e a filosofia ocidentais destituíram pessoas negras e indígenas de humanidade. O racismo científico, por exemplo, estabeleceu que, na marcha linear dos hominídeos, até chegar ao *Homo sapiens sapiens*, se alcança um patamar evolutivo humano marcadamente androcêntrico, brancocêntrico, ciscentrado, heteronormativo, capacitista, etarista, gordofóbico, que representa o sujeito universal humano fenotipicamente como um homem branco, cis, adulto, heterossexual, neurotípico e sem deficiência. Aquele é mostrado como o máximo desenvolvimento humano, e tudo que está fora dessa representação é menor, do ponto de vista evolutivo humano. Tomemos o exemplo das pessoas negras; recorrentemente somos associadas das formas mais grotescas possíveis a macacos, não em uma correlação meramente estética (como se isso já não fosse absurdo o bastante), mas em um entendimento não evolutivo da nossa gente. Em outros termos, segundo esses agressores, "não alcançamos a condição humana". De acordo com o líder indígena, filósofo e escritor Ailton Krenak (2019, p. 11-12):

> A ideia de que os brancos europeus podiam sair colonizando o resto do mundo estava sustentada na premissa de que havia uma humanidade esclarecida que precisava ir ao encontro da humanidade obscurecida, trazendo-a para essa luz incrível. Esse chamado para o seio da civilização sempre foi justificado pela noção de que existe um jeito de estar aqui na Terra, uma certa verdade, ou uma concepção de verdade, que guiou muitas das escolhas feitas em diferentes períodos da história. Somos mesmo uma humanidade?

Nós, pessoas negras e indígenas, fomos destituídas de humanidade e, obviamente, de todas as características eminentemente humanas. Sendo o ser humano um animal racional, e pessoas negras e indígenas consideradas não humanas, ou menos humanas, seríamos pessoas desprovidas de racionalidade, portanto, de intelecto. Uma vez privadas do intelecto, como produzir conhecimento de qualquer ordem e especificamente conhecimento científico? Nas dicotomias hierárquicas ocidentais, não operamos com a mente, restando-nos apenas o corpo. O corpo destinado a oferecer tudo aquilo que um corpo, na perspectiva dualista e hierárquica ocidental, é capaz de oferecer: força de trabalho e prazer sexual. Nesse sentido, o Ocidente nos nega a possibilidade de ocupar espaços de poder, a exemplo da ciência, e nos vincula unicamente a dimensões de trabalhos manuais excessivos e a uma sexualização extrema.

De acordo com o líder quilombola e escritor piauiense Nego Bispo (2015), precisamos compreender por colonização todos os processos etnocêntricos de invasão, expropriação, etnocídio, subjugação e até mesmo de substituição de uma cultura pela outra, independentemente do território físico-geográfico em que essa cultura se encontra. O escritor e pedagogo Luiz Rufino

(2019) nos dirá que colonizar é limitar, despotencializar, controlar, dominar, simplificar, dividir e subtrair as possibilidades de vida fora do eixo normatizador do mundo colonial.

Muitas são as operações da violência no mundo colonial, todas elas agindo na produção de mortes das pessoas colonizadas nos seus múltiplos sentidos. Esquecimento, apagamento da memória, humilhação, tortura física e psicológica, violação do direito à terra, desconfiança, cárcere, trabalho forçado, o tapa da polícia no rosto de uma pessoa negra, o tiro do Estado na cabeça dos corpos-alvo (que não são os corpos alvos), deportação, desonra, indignidade e abertura contínua de feridas são algumas dessas operações (Rufino, 2019).

A necessidade de descolonizar a mente é apontada com nitidez pelo escritor, professor universitário e dramaturgo queniano Ngũgĩ wa Thiong'o (1981), ao revelar como a arte e a educação são valores entrelaçados e ao mesmo tempo esmagados pelos vestígios de um imperialismo que ainda está cativo não só pelos povos da África, mas também pelos da Ásia e da América Latina, cujos habitantes o autor chama de "condenados do mundo".

Escurecendo o conhecimento

Em *O genocídio do negro brasileiro* (2016), o ator, poeta, escritor, dramaturgo, artista plástico, professor e político Abdias Nascimento foi certeiro ao apontar o branqueamento cultural como uma das dimensões do genocídio da população negra no Brasil. Já na década de 1970, no contexto da ditadura militar, Nascimento atrelava ao extermínio físico da população negra o embranquecimento da cultura; o genocídio cultural e epistêmico sendo a face oculta desse processo letal. Nesse ponto, Abdias reconhece brilhantemente a estreita e íntima relação entre a modernidade capitalista e a racionalidade do extermínio colonialista dos povos subalternizados.

O continente europeu é uma comunidade que não somente recorreu a estratégias de genocídio epistêmico (Nascimento, 2016), mas que principalmente sequestrou conhecimentos de outros povos (a exemplo dos povos africanos, ameríndios, asiáticos), incorporando-os ao seu escopo cultural imaterial ocidental. Para o poeta, dramaturgo, escritor e político martinicano Aimé Césaire, na obra *Discurso sobre o colonialismo* (2006), o ato de colonizar não é nem evangelização, nem extensão de direito; para ele, a colonização é necessariamente um ato de pilhagem.

Segundo o professor e literato baiano Henrique Freitas (2022, p. 306-307):

> A pilhagem epistêmica opera primeiro reduzindo todo o saber dos grupos subalternizados em foco por meio de um sistema gnosiológico já previamente conhecido que o rebaixa ante o modelo civilizacional grafocêntrico, logocêntrico, eurocêntrico, etnocêntrico, falocêntrico, para depois, extraindo desse conhecimento qualquer coisa que fulgure aos olhos exóticos como novidade, tomá-la para si e apresentá-la como produção individual ou de um grupo completamente distinto do de sua gênese, sem, geralmente, sequer mencionar as fontes de referência. Por isso mesmo, ela é também uma das faces do racismo epistêmico e do epistemicídio fundada na perversão necropolítica do apagamento da diferença como corpo e como ideia.

É unicamente a partir do entendimento de que o processo colonial é um saque, um sequestro, e não apenas um apagamento, que podemos iniciar um processo de resgate histórico dos sujeitos que foram silenciados nesse caminho. O fato de ser a pilhagem, o roubo, a base na qual se deitam todas as pretensas justificativas da necessidade da colonização, constitui o argumento essencial para o desenvolvimento da ideia de que precisamos resgatar os conhecimentos ancestrais dos povos colonizados.

De acordo com o ativista indígena, escritor e professor Daniel Munduruku (2009), a modernidade capitalista visou ao extermínio dos povos colonizados, principalmente criando uma cultura dualista entre ser humano e natureza que ocasionou o "desencantamento" desta, transformando a natureza em um farto lugar afastado da existência humana de onde se rouba, extrai e produz as riquezas traficadas pelos colonizadores para a Europa, deixando de ser parte constitutiva da humanidade dos seres humanos, ganhando o status de território de ocupação para suprir a perspectiva utilitarista.

A cultura ocidental é fortemente marcada por dicotomias hierárquicas que apresentam implicitamente noções de avanço e retrocesso, como: civilizado e incivilizado ou bárbaro, moderno e tradicional, razão e emoção, alma e corpo, inteligível e sensível, ser humano e natureza, sujeito e objeto, essência e aparência, homem e mulher, negro e branco, cis e trans, homo e hétero etc. Essas dicotomias impõem a possibilidade de separação entre razão e emoção, de modo que vinculam, inclusive, esses conceitos a órgãos do corpo, como se a emoção estivesse vinculada ao coração e a razão ao cérebro, como se o corpo não fosse uno, como se tivesse compartimentos que se responsabilizam por guardar estímulos humanos distintos.

Outro mito da modernidade europeia, além da perspectiva da separação ser humano/natureza, é o conceito de raça. Segundo a filósofa e escritora brasileira Sueli Carneiro (2023), a racialidade é um dispositivo constituído na modernidade ocidental. O conceito de raça aqui mobilizado está de acordo com as formulações do antropólogo e professor brasileiro-congolês Kabengele Munanga (1999), que afirma ser imprescindível conceber a raça como categoria sociológica determinante da realidade social, política e cultural, e não como mera construção biológica. A raça, enquanto categoria colonial moderna, surge para produzir a constituição de humanidade para pessoas brancas a partir da negação da humanidade dos outros. A colonialidade do ser parte da modulação da existência dos indivíduos. A colonialidade do ser é a dimensão ontológica da colonialidade, que se afirma na violência da negação do outro (Carneiro, 2023), sendo inclusive uma premissa basilar para o alterocídio, que, como nos aponta o filósofo, escritor e professor camaronês Achille Mbembe (2018), destitui o outro de sua condição de alteridade, ou melhor, de paridade. É como se fosse tão outro que nem humano é. É a morte ao outro nessa condição de altero.

Por meio dessa constituição do ser a partir do outro enquanto não ser, o discurso único europeu "inventa" uma África particular e a universaliza. Esse discurso nasce da necessidade de justificar o colonialismo europeu, ao criar-se uma distância "antropológica" entre os africanos (selvagens) e os europeus (civilizados). Atualmente, africanos e africanas "desafiam" e "reescrevem" tal discurso, visando ressignificar as concepções sobre as Áfricas a partir da própria agência africana, a exemplo da escritora nigeriana Chimamanda Adichie (2019) e do filósofo congolês, professor e poeta Valentin Mudimbe (1988).

Do pensamento anticolonial da grande socióloga e militante brasileira Lélia Gonzalez emergem as categorias da "amefricanidade" e do "pretuguês". A pensadora questiona a latinidade das Américas por reconhecer a influência de elementos africanos e ameríndios na construção cultural da região. Dessa forma, a latinidade seria uma ferramenta eurocêntrica para apagar as influências africanas e ameríndias nas construções das Américas. Assim, ela propõe uma reinterpretação das experiências de negros e negras no continente americano. Segundo ela, a categoria, para além da questão geográfica, "incorpora um processo histórico de intensa dinâmica cultural de adaptação, resistência, reinterpretação e criação de novas formas, que é afrocentrado. A Améfrica é uma criação nossa e de nossos antepassados no continente em que vivemos, inspirados em modelos africanos" (Gonzalez, 1988, p. 77). Fomos histórica, social e intelectualmente constituídos por povos africanos desde antes da escravidão negra nas Américas; somos um povo verdadeiramente "amefricano".

O pretuguês, assim como o conceito de "escrevivência" desenvolvido pela professora e grande escritora brasileira Conceição Evaristo, é uma categoria decolonial que denuncia a colonialidade linguística presente no nosso modo de comunicar, seja pela via oral ou escrita. O pretuguês reforça a beleza da fala cotidiana das pessoas simples. Para além de uma alteração do termo, trata-se de uma alteração de concepções linguísticas do ponto de vista hierárquico. Os idiomas africanos estão presentes na construção cultural do Brasil e foram mecanismos históricos de resistência por meio da linguagem.

O pretuguês reforça o reconhecimento e a valorização das expressões linguísticas cotidianas repletas de marcadores das nossas constituições ancestrais africanas. Já sobre a escrevivência, Evaristo (2020) destaca que:

> Quando eu usei o termo é... escrevivência [...] se é um conceito, ele tem como imagem todo um processo histórico que as africanas e suas descendentes escravizadas no Brasil passaram. Na verdade, ele nasce do seguinte: quando eu estou escrevendo e quando outras mulheres negras estão escrevendo, é... me vem muito na memória a função que as mulheres africanas dentro das casas-grandes escravizadas, a função que essas mulheres tinham de contar história para adormecer os da casa-grande, né... a prole era adormecida com as mães pretas contando histórias. Então, eram histórias para adormecer. E quando eu digo que os nossos textos, é... ele tenta borrar essa imagem, nós não escrevemos pra adormecer os da casa-grande, pelo contrário, pra acordá-los dos seus sonos injustos. E essa escrevivência, ela vai partir, ela toma como mote de criação justamente a vivência. Ou a vivência do ponto de vista pessoal mesmo, ou a vivência do ponto de vista coletivo.

A escrevivência é essa escrita pautada na própria vida a partir das nossas histórias singulares, mas dialeticamente coletivas de emancipação. Podemos associar ao conceito de escrevivência a categoria cunhada pelo grande sociólogo brasileiro Alberto Guerreiro Ramos, em seu ensaio "Patologia social do branco brasileiro" (1955), que é a do "negro-vida".

Segundo Ramos (1955), há o tema do negro e há a vida do negro. O negro-tema é uma coisa examinada, olhada, vista, ora como ser mumificado, ora como ser curioso, ou de qualquer modo como um risco, um traço da realidade nacional que chama a atenção. O negro-vida é, entretanto, algo que não se deixa imobilizar; é despistador, profético, multiforme, do qual, na verdade, não se pode dar versão definitiva, pois é hoje o que não era ontem e será amanhã o que não é hoje. Como vida ou realidade efetiva, o negro vem assumindo o seu destino, vem se fazendo a si próprio, segundo lhe têm permitido as condições particulares da sociedade brasileira.

Intelecpluralidade

A intelecpluralidade é uma categoria decolonial que pauta a ruptura com o modelo único de intelectualidade imposto pela óptica brancocêntrica ocidental, prevendo uma ritualística epistêmica e performática para a constituição do/da intelectual. Muitas vezes o/a intelectual negro/a e/ou indígena até rompe com as normativas europeias de produção de conhecimento, em termos do conteúdo, mas segue aprisionado/a na forma, seja em relação ao processo produtivo, seja quanto ao método expositivo. Em outros termos, percebemos muitas pessoas negras de origem periférica que, mesmo abordando pautas negras, o fazem por obrigatoriedade dentro do campo performático branco, abrindo mão de toda a sua dimensão linguística e corporal da favela, para se render desconfortavelmente ao enquadramento acadêmico contemporâneo. Superando esse campo limitador da existência, fundamos o/a intelecplural, ou o/a intelectual da intelecpluralidade, a pessoa producente e propagadora de conhecimento que celebra a sua potência a partir da pluriversalidade da existência, confrontando os dualismos e os compartimentos ocidentais que nos unilateralizam e nos aprisionam no modelo acadêmico ocidental.

A intelecpluralidade pode ser lida também como um manifesto de resistência, sem a pretensão de teoria, mas com a finalidade de gerar contraposição e oferecer resistência epistêmica e existencial à perspectiva monocultural do/a intelectual, esta que centraliza a intelectualidade no homem branco cis, que segmenta e hierarquiza corpo e mente e que impossibilita a pluriversalidade da vida e, portanto, a produção dos conhecimentos dentro dessa perspectiva. Talvez o melhor fosse apenas lutar por outra intelectualidade, uma mais diversa e abrangente. Inclusive, fiz isso por muitos anos, mas chegou um dado momento em que ter a minha intelectualidade lida apenas como dissidente, subversiva – e a mim como uma intelectual, sobretudo, diferentona – me levou a um desconforto de não querer ser tipificada como atípica, trazendo-me o desejo de sair do gueto da intelectualidade e me agregar, em outro território possível de produção de conhecimentos, aos pensadores e pensadoras que se projetam de um modo livre e plural no desenvolvimento dos seus múltiplos saberes.

Foi preciso mudar
a minha relação
com o tempo
e com o meu
conceito de
produtividade

Eu produzi

Produzi
Produzi
O quê?
Eu nem vi
E no tempo me perdi
Tudo era pra ontem
Mas o ontem não voltava
No presente eu estava
Mas no futuro eu focava
Um tempo linear
Que quase me fez me autossabotar
Para no tempo ocidental me encaixar
Foi preciso enxotar de mim essa pressa
Que ao patrão apenas interessa
E que a mim adoece e estressa à beça
Não. Tempo não é dinheiro.
Ele é aliado
Uma entidade divina que não criou o passado
Que nos transpassa e movimenta
Nele não me sinto atrasada
Apenas fluo no tempo do tempo
É quando o autocuidado me reencontra e segue comigo abraçado

Parece que o tempo é uma grandeza absoluta, marcada por uma linearidade crescente e evolutiva subdividida entre passado, presente e futuro. Uma sequência de superações na qual o futuro invariavelmente deve ser melhor que o presente, que, por sua vez, será melhor que o passado. Uma linearidade que promove uma sucessão temporal angustiante. O passado é uma memória, o presente é incapturável (a cada fração de segundo, o presente se torna passado) e o futuro é uma imagem projetada em uma nuvem de pensamento, um constante devir que nunca chegará (pois, quando chega, deixa de ser futuro). Todo mundo opta, inclusive, por viver esses tempos sem interpenetração e, muitas vezes, focado em um desses cortes temporais. Certamente você já conheceu alguém que vive de passado, de memórias, de saudades. Ou alguém imediatista, que vive o *carpe diem*, e ninguém o convence de que preparar um terreno para o futuro é algo importante. Ou ainda alguém que (assim como eu) tem uma relação muito voltada para o futuro, que vive para construir um conforto objetivo e emocional para o amanhã, mas enquanto isso deixa a vida passar diante dos seus olhos cotidianamente em prol de um idealismo absoluto. Alguém que vive pela construção de ideias e, quando estas são concretizadas, nem curte a conquista e já passa a idealizar as próximas e, do nada, a vida acaba e põe fim a essa busca insana e incessante.

Quanto tempo a gente tem?

O tempo ocidental é, por sua própria natureza, angustiante. Nessa cronologia limitada, assim que nascemos já começamos a morrer. É o tempo de um relógio de areia no qual a gente sente nossos grãos se esvaindo pelos poros e levando com eles nossa vitalidade e nossa importância social. Nesse marcador temporal, o idoso é infantilizado e destituído do conhecimento de toda uma vida. Ele passa a ser um estorvo, um problema familiar e social, para uma comunidade que não reconhece a importância dos seus anciãos e não os vê como sábios. Nas cosmopercepções africanas e indígenas, o ancião é o sujeito mais importante da comunidade. É aquele que, por ter vivido mais tempo, sabe mais e tem mais a oferecer. Não se trata de um infantil ou inativo, imprestável, de alguém que está fazendo "hora extra" aqui na Terra, mas, sim, de alguém que, como diz o escritor malinês Amadou Hampâté Bâ, "é uma biblioteca viva". Alguém que, ao morrer, se fecha eternamente diante dos nossos olhos.

Nessas perspectivas, o tempo também ganha outros entendimentos. Para algumas delas, o tempo é entidade. O tempo é divindade. O tempo é rei. Muito além de uma grandeza física, o tempo cura males e nos faz lembrar da nossa pequenez diante da sua grandiosidade. Por aqui não se controla o tempo, muito menos se considera que seja meramente dinheiro. Não se ganha tempo nem se perde tempo; vive-se no tempo do tempo. Um tempo que por vezes é cíclico e nos faz retornar para aparentemente os mesmos lugares, ou melhor, para as mesmas emoções. Em alguns momentos da minha vida, eu não tinha dinheiro de transporte para ir à escola. Vivi profundas ausências objetivas ainda na minha juventude. Quando comecei a fazer algumas transformações materiais na minha vida, já na fase adulta, por meio dos resultados dos meus estudos, passei a acreditar que dali para a frente era só para a frente, pois o tempo era uma reta linear e crescentemente constante. Entretanto, em 2020, com diversas experiências de ausências que vivi (golpes financeiros, familiares desempregados, o isolamento social quase causando a quebra da escola que idealizei e da qual sou sócia etc.), andei "algumas casas para trás", e parecia que, depois de anos, eu estava "descendo a ladeira do tempo". Era como se estivesse voltando no tempo e estivesse revivendo dores que eu tinha certeza de que nunca mais voltaria a viver. A descolonização da minha perspectiva temporal me fez compreender que o tempo nem sempre é linear e que, às vezes, ele pode ser cíclico, ou melhor, espiralar e tangenciar a linha de algumas dores ou alegrias outrora vividas. No entanto, também entendi que isso não significava retrocesso, apenas que o próprio fluxo temporal não é previsível. Essa compreensão foi muito importante para mim no sentido de me livrar do peso da culpa do fracasso de ter sustentado o sucesso crescente temporal ininterrupto.

A corrida sem vencedor da alta produtividade

Entrei muito jovem como professora na universidade. Passei no concurso da Universidade Federal da Bahia (UFBA) para o magistério superior com 25 anos, tomei posse com 26, e com 27 anos me tornava a doutora mais jovem da universidade naquele momento. O tempo parecia ser meu grande aliado. Tinha uma sensação de que velocidade era sinônimo de alta capacidade e, sendo uma acadêmica negra de origem periférica, eu me cobrava sempre nesse lugar de busca do além do limite comum. Sentia que, como mulher negra, eu precisava provar minha competência para estar naquele espaço altamente branco e masculino, me colocando muito acima da média produtiva. A minha cabeça rapidamente associou o cruzamento das noções de tempo e produtividade como elementos fundamentais na construção da minha identidade intelectual; uma corrida insana rumo à exaustão e ao adoecimento (apenas desmistifiquei essas crenças de que sucesso precisa estar atrelado a celeridade quando conheci mulheres incríveis como a escritora Conceição Evaristo, que se tornou doutora aos 65 anos e que julgo uma das escritoras mais geniais da história do nosso país).

Em um dado momento dessa corrida insana percebi que a linha de chegada para mim sempre se movia. Alcançar o objetivo do reconhecimento acadêmico mesmo que pela via da produtividade excessiva não passava de uma grande ilusão.

Como sonhar com um reconhecimento vindo de um lugar que não reconhece a sua existência como uma existência humana justa?

Se a minha estampa foi afastada da estética do poder, como sonhar com o poder dentro de um modelo de produtividade que me nega? Foi quando percebi que os modelos de produtividade eram móveis e precisavam se adequar ao meu bem-estar e ao meu propósito de felicidade. Por exemplo, sempre amei escrever histórias, textos longos e livros a partir de uma linguagem de transcrição direta do meu pensamento, sem essa lógica ocidental de adequação do pensamento para a fala, adequação da fala para a escrita. Uma escrita diretamente parida das ideias. Esse meu perfil era pouco produtivo dentro da perspectiva acadêmica ocidental que prevê publicação de artigos científicos, com linguagem técnica, espacialidade e formatação bem delimitada em periódicos, de preferência Qualis A1. No entanto, era uma escrita pouco confortável para mim: os periódicos de "ponta" avaliavam a minha escrita como coloquial e, geralmente, quando estava começando a me empolgar, precisava parar a escrita pela delimitação de caracteres do artigo, entre outros fatores que me faziam me sentir improdutiva dentro daquele modelo. Mas, nessa outra perspectiva de atuação literária que desenhei para a minha vida, eu era superexitosa e já havia sido finalista do Prêmio Jabuti por dois anos consecutivos, com meus livros *@Descolonizando_saberes: Mulheres negras na ciência* e *História preta das coisas: 50 invenções científico-tecnológicas de pessoas negras*. Encontrei-me altamente produtiva fora da produtividade padrão acadêmica e fora da celeridade temporal ocidental.

Além dessa variante de produtividade em relação a artigos em detrimento de uma produção textual mais subjetivada nos livros, construí uma nova noção de produtividade por meio das minhas outras frentes de atuação, que não são mensuradas em um currículo *lattes*, muito menos pontuadas em uma progressão funcional. Lembro-me de me sentir perdendo ou gastando tempo com a produção de vídeos e textos para as redes sociais, como se fosse um momento improdutivo, certa vadiagem. Porém, pelo crescimento quantitativo expressivo que tive nas redes sociais, bem como pelos retornos afetivos cotidianos que eu recebia, pude notar o quanto eu era produtiva dentro de outro contexto, impactando a vida de milhares de pessoas diariamente com minhas socializações de conhecimento. Foi um processo longo para que eu não me sentisse culpada no ato da gravação de um vídeo para as redes sociais em vez de estar fazendo algo "realmente produtivo" do ponto de vista acadêmico ocidental. Isso não ocorria só com situações relacionadas a redes sociais, mas também com as palestras que ministrava nos diversos espaços sociais, bem como com a escola que eu idealizei (a escola afro-brasileira Maria Felipa, primeira escola afro-brasileira do país) – projetos que impactavam e seguem atingindo muita gente, mas que não estavam dentro do escopo acadêmico produtivo de ponta.

Por isso é tão necessário ressignificar nossa noção de produtividade a partir de marcadores contracoloniais que mais emancipem a nossa compreensão de impacto coletivo do que meros índices de crescimento pessoal presentes em nossos relatórios científicos.

"Fui descredenciado da pós-graduação e sobrevivi"

Divergências

Parecia o fim

Eu que estava dentro de
uma torre de marfim

Fui retirado e por fim

Agora presto contas apenas a mim

Era para isso ser bom,
sinônimo de liberdade

Mas me sinto sem autoridade

Não mais detentor da verdade

Uma vergonha imensa me invade

Eles podem ter razão, eu posso ter razão

Mas agora preciso aprender
a lidar com o não

E entender que a minha
trajetória não é em vão

E com a academia reconstruir a relação

Avaliações não definem
minhas competências

Eu que sempre fui um
impulsionador das ciências

Hoje com os pares tenho divergências

Mas seguirei valorizando os
meus processos de resistências

Certa vez, um amigo que é professor na mesma universidade em que eu atuo relatou o seu processo de descredenciamento; como sempre, me pareceu ser algo pavoroso, desesperador, humilhante. Para quem não sabe, o descredenciamento de um/uma docente geralmente acontece por ausência de produtividade; trata-se de alguém que não publicou artigos suficientes ou não orientou o bastante ou não ministrou o mínimo de aulas exigidas ou simplesmente pediu para ir embora. Normalmente o descredenciamento tem origem na ausência de artigos publicados ou, ainda, por processos de perseguição política, como sopram nos corredores das instituições. O fato é que se tornou um sinônimo de incompetência ser descredenciado em um programa de pós-graduação, o que é muito estranho, pois o processo não leva em conta a natureza da pesquisa de cada pessoa. Existem áreas em que publicar dois artigos por ano é bem possível devido à natureza dos dados da pesquisa; já outras áreas (conheço alguns trabalhos assim dentro das ciências de bancada) são mais difíceis, porque a coleta é mais sensível, a temporalidade da pesquisa é distinta etc. Sem falar que você pode simplesmente ter outro tempo mesmo, ou ter passado por alguns problemas pessoais que demandaram mais sua atenção, ou acabado de parir ou adotar uma criança. Há múltiplas possibilidades. Enfim, as situações para cada pessoa são sempre distintas, mas todas elas acabam sendo medidas pela mesma régua.

Pesquisa e extensão

Você deve saber que, na universidade, o corpo docente atua com ensino, pesquisa e extensão. A extensão, a atividade destinada a estabelecer a ponte entre a universidade e a sociedade, é importantíssima para os/as profissionais da educação "recordarem" que a universidade faz parte da sociedade e é constituída por ela. É necessária também para a sociedade acessar a universidade reduzindo o afastamento que muitas pessoas, geralmente negras e periféricas, têm em relação a esse espaço. É muito comum que as atividades de extensão sejam lidas como menores dentro da academia e colocadas num lugar de menor relevância. Já as atividades de ensino são aquelas destinadas à prática pedagógica na sala de aula ou fora dela. São os processos de didatização dos conteúdos, as atividades de ensino em si, como as aulas e as avaliações. O ensino é visto como algo importante, mas nada é tão fascinante para o/a professor/a universitário/a quanto a pesquisa. Já ouvi inúmeras vezes de estudantes que certos professores não gostam ou não sabem dar aula, que "não têm didática", que na realidade gostam somente da pesquisa e deveriam atuar em um centro de pesquisa para viver apenas disso. Sim, na universidade brasileira há um peso grande para a pesquisa, mesmo que nenhum documento oficial estabeleça que ela tem peso maior que a extensão e o ensino. É uma hierarquia oficiosa. De modo que se criam distinções entre os/as professores/as que orientam na pós e aqueles que atuam unicamente na graduação. Estes últimos são recorrentemente vistos como "menores".

Acho que assim fica fácil entender o pânico de muitos professores/as de serem descredenciados/as da pós-graduação. Mais do que a paixão pela pesquisa, o que os aflige é o medo de cair no ostracismo acadêmico.

Muitas vezes, para ingressar nesses programas, é preciso se colocar em um exercício de paciência. Pode levar alguns anos até que o colegiado da pós-graduação em cujo corpo permanente de docentes você deseja atuar aprove a sua solicitação. Vão avaliar a sua produção, a sua conduta, o seu alinhamento com as linhas de pesquisa do programa, entre outros critérios. Existem ainda, infelizmente, casos políticos em que, embora um docente demonstre total competência técnica para ali atuar, o colegiado compreende que, politicamente, viabilizar esse acesso não é interessante. Esse caso aconteceu com um amigo meu, um pesquisador brilhante, que tentou o ingresso em um programa no qual o grupo político do colegiado era contrário ao do seu orientador do mestrado e doutorado, motivo pelo qual inviabilizaram a entrada dele. Ele acabou se credenciando com louvor em outros dois programas,

mas naquele do interesse inicial não ocorreu. Enfim, fofocas acadêmicas.

Existe vida além da academia?

No geral, o processo de credenciamento na pós-graduação como docente não é trivial. Aí, quando você acessa esse espaço, tem a impressão de que saltou para outro patamar de capital simbólico dentro da academia. Nesse ponto, geralmente as pessoas fazem de tudo para não perder esse prestígio. Sempre há uma tensão grande nos períodos de avaliação dos programas de pós-graduação por parte da Coordenação de Aperfeiçoamento de Pessoal de Nível Superior (Capes/MEC). A Capes confere uma nota de um a sete aos programas, atestando a excelência de alguns e a carência de outros, com a possibilidade, a depender do caso, até do fechamento do programa de pós-graduação. A avaliação engloba muita coisa: tempo médio de defesa de discentes, publicação dos membros, aulas ministradas, quantitativo de orientandos/as, publicações das dissertações e teses no site do programa etc. Com o intuito de garantir uma boa avaliação da Capes, muitos docentes acabam sendo retirados da condição de professores/as do corpo permanente e passam à condição de colaboradores/as. Infelizmente, nesse processo muitos acabam desenvolvendo doenças psicossomáticas em virtude da "grande vergonha" que sentem por terem sido retirados por "baixa produtividade".

Vi uma amiga que dividia sala comigo ser descredenciada após voltar da licença-maternidade, o que inclusive acontece com muitas mulheres do nosso país. Um grande horror! A mulher havia acabado de dar à luz, tinha outras urgências, outras centralidades, outras prioridades naquele momento. O seu histórico de contribuição na pesquisa deveria ter sido levado em conta, bem como a sua potencialidade produtiva depois daquele período sensível, mas a lógica acadêmica não teve tempo de esperar e passou o "rolo compressor" nela. Felizmente a maternidade a ensinou a ressignificar a vida e ela não sofreu tanto quanto normalmente as pesquisadoras sofrem.

Recentemente ocorreu com um colega da universidade o descredenciamento pautado pelo colegiado. Ele desabafou comigo que se sentiu injustiçado, e eu conversei com ele sobre a vida que existe fora da academia, que eu havia descoberto há pouco. Contei que eu poderia escrever fora do formato acadêmico, publicar livros num mercado editorial aqui fora, ser remunerada por palestras e consultorias que eu prestasse, e que um leque de possibilidades profissionais tinha se aberto diante dos meus olhos quando eu me permiti olhar para além dos muros da academia. Ele se sentiu mais acolhido e foi tentar encarar a vida por outro prisma, sem superestimar a vida universitária. Acabou que ele fechou uma parceria de pesquisa no exterior que lhe possibilitou alguns acessos financeiros e que, segundo ele, só foi possível porque ele se permitiu sair um pouco dessa dor, dessa vergonha, desse ressentimento do descredenciamento e não se abateu diminuindo o seu valor diante desse pequeno incidente.

Para me permitir viver algumas experiências que acessei fora da academia, eu pedi licença não remunerada e, nesse processo, precisei solicitar o meu descredenciamento da pós-graduação após oito anos de atuação. Óbvio que construí esse momento priorizando meus orientandos e orientandas, mas o "estranho" é que foi um processo leve e nada sofrido. Não me senti menor, não me preocupei com o retorno ou com como seria me credenciar novamente, não imaginei que perderia o respeito... apenas segui meu coração e busquei ser feliz, sem pensar no julgamento das pessoas.

Há vida na academia e fora dela. A vida não é segmentada, não é parcial. A vida é múltipla e belíssima!

"Ou se é mãe ou se tem produtividade. Os dois não dá!"

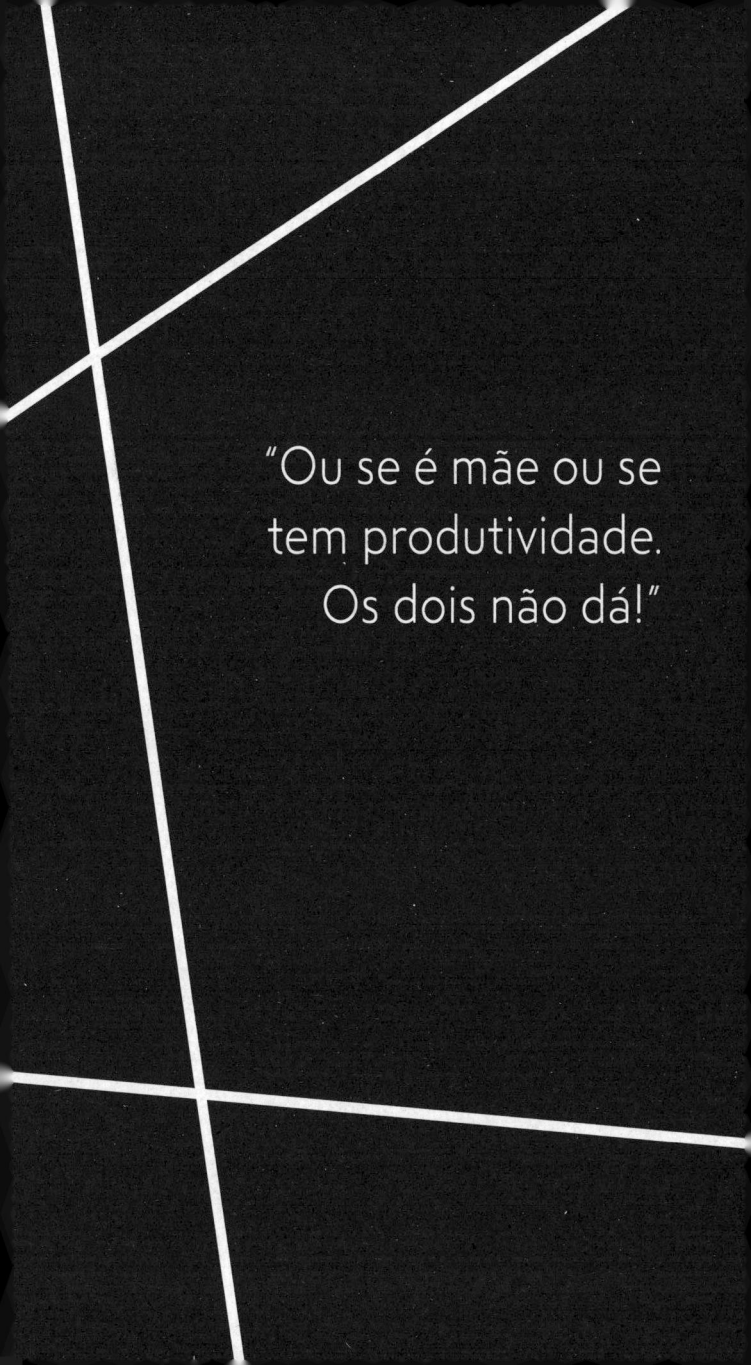

Produtividade para quem?

Você que se pensa universal

Do mundo se vê como a espinha dorsal

Se eu ocupo um posto mais alto, para ti é anormal

Se diz mais produtivo, mas nas resoluções da vida é pouco ativo

Seu único compromisso da vida é contigo

Seu grande farol é o seu próprio umbigo

Usa sua pele alva, seu falo vivo pra dizer que eu não consigo

Se eu posso ser mãe, você pode ser pai também

A diferença é que você não é o principal responsável por esse pequeno alguém

Ainda se sente no direito de falar de queda de produtividade

Justamente na minha maternidade

Saiba que não tem nenhuma autoridade

Eu que fui obrigada a desenvolver tanta serenidade

Para lidar com a sua imaturidade

A sua alta produtividade é sem criticidade

Fruto da sua egoica masculinidade.

O título deste capítulo é uma fala que ouvi no shopping quando uma professora-pesquisadora que estava com uma bebê de pouco mais de um ano no colo me parou para falar comigo. Ela disse que era admiradora do meu trabalho, me contou sobre os desafios que estava enfrentando na academia por conta da maternidade e, no final, relatou a fala profundamente infeliz que tinha escutado de um colega, algo do tipo: "Você que escolheu diminuir a sua produtividade sendo mãe, foi ser mãe porque quis, ou se é mãe ou se tem produtividade. Os dois não dá". Fiquei bem abalada com o estado daquela mulher, pois ela parecia sofrer com isso, parecia estar inconformada com a "diminuição" de sua produtividade. Eu ainda não tinha encontrado mães acadêmicas no estado de angústia em que ela estava. Já havia me deparado com muitas mães com ódio da academia, revoltadas com os processos que estavam enfrentando por conta da maternidade – o que avalio como mais palatável; acho a raiva fortalecedora nesses casos. Já havia encontrado mães muito tranquilas, que tinham consciência de que não eram improdutivas, de que o erro não estava nelas, mas sim na leitura analítica acadêmica acerca delas (essa tranquilidade é incrível, te retira da centralidade do problema e coloca a ignorância da sociedade como destaque nessa droga de cultura machista). Já tinha escutado e lido no meu Instagram desabafos de várias mulheres-mães-pesquisadoras, mas aquela mulher com a filha no colo me perguntando, angustiada, como fazia para voltar a ser produtiva agora, sendo mãe, me trouxe lágrimas aos olhos. Ela não tinha entendido o rolê, e eu não teria tempo naqueles poucos minutos de um encontro casual no shopping para convencê-la. Por essa razão incluí este capítulo neste livro.

O campo da pesquisa a partir de uma perspectiva de gênero

Dentro da divisão social do trabalho na perspectiva ocidental, ficaram destinados às mulheres os trabalhos domésticos, que, por não serem remunerados, historicamente são tidos como não trabalho. Estabeleceu-se, sem consulta prévia às mulheres, que eram atribuições femininas: cuidar da roupa de todas as pessoas que moram na casa, realizar a limpeza do espaço familiar, fazer a comida de todo mundo, cuidar de todos quando estão doentes, criar e educar as crianças, realizar a plantação e a colheita na óptica da agricultura familiar, cuidar também dos animais domésticos, acompanhar as demandas das crianças na escola, entre muitas outras coisas, e ainda estar linda, sorridente, atraente, disposta e sempre disponível para o sexo quando o marido chegar em casa do trabalho (sim, ele é lido como o único que trabalha, mesmo depois de um dia extremamente cansativo em que a mulher sente como se tivesse sido atropelada por um caminhão... e ai da mulher que reclame de cansaço! Prontamente ouvirá um sonoro "Mas você está cansada de quê? Ficou em casa o dia todo?!").

A perspectiva apresentada é a posta para as relações heteroafetivas ocidentais, nas quais os homens se colocaram como sujeitos centrais das relações, o que é reforçado pela sociedade ocidental patriarcal o tempo todo. Vale destacar que o homem branco cis é o sujeito central desse modelo de sociedade; contudo, nos processos interculturais, homens negros e indígenas acabam também sendo forjados por esse sistema e, mesmo sofrendo com o modelo social ocidental, na hierarquia das relações de gênero também buscam uma relação de poder para chamar de sua, tendendo a expressar os reflexos desse patriarcado branco ocidental nas próprias vivências com mulheres.

Essa organização social na qual mulher fica em casa e homem desbrava o mundo faz parte da ordem heteronormativa, ciscentrada e ocidental que precisava garantir a monogamia feminina como mecanismo de manutenção da herança para o descendente consanguíneo do pai. Nas primeiras sociedades, a lógica era comunitária tanto para o território quanto para as relações afetivo-sexuais. Não existia binarismo nas relações, muito menos privações postas para elas. Com o surgimento da propriedade privada no contexto da revolução neolítica houve a "necessidade" da certeza da paternidade. Outrora, sabia-se quem era a mãe (por isso essas sociedades eram matriarcais), mas não se conhecia a figura do pai e, nesses termos, a criança era filha da comunidade (e não havia nenhuma crítica moralista em torno disso). Com a propriedade privada, esse homem cis passa a ter a necessidade de deixar essa terra para um herdeiro, o qual ele precisava ter certeza de que era seu filho. Com isso, com a propriedade da terra há a contenção do corpo da mulher e, obviamente, para privar o seu corpo era preciso limitar socialmente a sua conduta, moldando-a aos interesses masculinos. Ontologicamente, a monogamia é para mulheres, e não para homens (por isso, até hoje, vivemos socialmente expectativas relacionais tão discrepantes).

Se as mulheres foram projetadas socialmente para a monogamia feminina e, por conta disso, houve uma divisão social do trabalho na qual elas devem estar em casa e cuidar do lar, como conceber e respeitar mulheres cientistas? A ciência é um espaço de poder que impulsiona o desenvolvimento dos meios de produção, ou seja, a produção de mercadorias e, portanto, de mais-valor na sociedade capitalista. Em outras palavras, a ciência é um complexo social imprescindível para esse modelo de sociedade. Todos os espaços de poder, nessa perspectiva de sociabilidade, são pensados para serem ocupados pelo sujeito universal, aquele que representa o ser humano nos livros de ciências: o homem, branco, cis, adulto, que performa heteronormatividade e tem um padrão corporal que esteja de acordo com a estética capacitista e gordofóbica. Mulheres que ocupam esses espaços estão lutando contra uma grande correnteza. É por isso que, pegando por exemplo a minha área-base de atuação, se olharmos para os Prêmios Nobel de Química, Física e Medicina, desde o surgimento da premiação até o ano de 2022, foram apenas dezessete mulheres laureadas (todas brancas), em contraste com 572 homens. Eles dominaram a premiação em 97%.

Uma pesquisa da Capes feita em 2022 afirma que, no Brasil, mulheres são a maioria das pessoas bolsistas em mestrado e doutorado, totalizando 58% dos bolsistas Capes. Entretanto, deixam de ser maioria nos topos da carreira acadêmica, na condição de bolsistas no exterior (48%), coordenadoras de grupos de pesquisa no Brasil (38%) ou, ainda, bolsistas-produtividade do Conselho Nacional de Desenvolvimento Científico e Tecnológico (CNPq) (25%). É uma discrepância bem expressiva e que aumenta drasticamente quando saímos do lugar da mulheridade universal (ou seja, da mulher branca cis).

Esses dados falam de mulheres de um jeito bem amplo e não atravessam as intersecções existentes nas constituições diversas dessas pesquisadoras. Ser mãe é uma delas. Você certamente sabe que não é obrigatório que nenhuma mulher seja mãe, não é? Algumas optam por ser, e isso não as torna melhores nem piores, apenas reflete um direito de escolha. Na academia o cenário se torna ainda mais tosco para mulheres quando falamos de maternidade: projetos financiados que não levam em conta a dilatação do período de vigência em caso de gestação ou adoção, ausência do direito de escolha dos turnos e dos componentes curriculares a serem ministrados pelas docentes, descredenciamento habitual dos programas de pós-graduação das pesquisadoras que retornam da licença-maternidade, absurdos que escutam dos colegas de departamento, entre outras violências cotidianas tremendas.

Você, mulher, mãe, que retornou recentemente às atividades acadêmicas, ou que ainda não voltou, mas já sente o peso das cobranças, não se culpe pela redução do número de orientações, de artigos publicados, de parcerias de pesquisa etc. ==O sistema de produtividade acadêmica é pensado para homens cujo único trabalho na vida é pesquisar.== Você tem dupla, tripla jornada de trabalho e, certamente, é bem mais produtiva que todos eles juntos, se levarmos em consideração todos os seus campos de atuação. Reordene a rota da sua vida, centralize as atividades que lhe dão prazer e que lhe fazem se sentir viva, estabeleça metas de produção condizentes com a sua realidade intensa de mulher, mãe, companheira, pesquisadora, filha, amiga, familiar. E não se meça pela medida do outro. Lembre-se sempre de que ela não foi feita para você caber, e seria uma busca inglória e muito injusta consigo.

Nem marxista, nem decolonial, nem feminista... hoje sou um tanto barbarista

Costura

Não é sobre ser boçal

Por favor, não me leve a mal

É que sempre me naturalizaram
fazendo trabalho braçal

Mas não o intelectual

Apesar que esse aqui é intelecplural

Trata-se do exercício reflexivo ativo

Talvez soe depreciativo

Mas tem um teor bem mais acumulativo

Do movimento do pensamento
constantemente argumentativo

Aqui concordo

Ali discordo

E ao longo da vida em tudo que acesso me formo

O que penso hoje não sei se pensarei amanhã

Mas é tudo fruto das minhas leituras pela manhã

Da minha liberdade sou guardiã

Me inspiro nos movimentos de uma anciã

Que organiza o saber por vários caminhos

Costurando-o nos seus entendimentos como uma tecelã.

Inicialmente o título deste capítulo deve soar um tanto arrogante, como se eu quisesse me colocar na condição de alguém com o intuito de desenvolver uma teoria como as outras citadas. Apesar de achar superpossível que eu ou qualquer outro ser humano desenvolva teorias, não é disso que se trata.

Ao longo da minha trajetória intelectual, me aproximei de diversas correntes teóricas, e em certos momentos criei autoidentidade com elas. No final da minha graduação em química, conheci a pedagogia histórico-crítica (PHC) e me vinculei muito aos seus ideais de mundo, a ponto de fazer o mestrado e o doutorado com essa teoria. Trata-se de uma teoria pedagógica crítica brasileira pautada no materialismo histórico-dialético. E, como você sabe, quando estamos realizando uma pesquisa na academia (na perspectiva da intelectualidade ocidental), nos é demandado escolher um referencial teórico (principalmente nas áreas de humanidades) que tenha uma filiação paradigmática com os seus pressupostos filosóficos. Ou seja, não podemos misturar teorias ou criar Frankensteins epistemológicos. Em outros termos, não fazia sentido desvincular a PHC da sua lente analítica do mundo, que era o marxismo. Logo, ambas as vertentes teóricas tiveram espaço nos meus escritos e nas minhas convicções de mundo.

Quem faz parte de nossos referenciais teóricos?

Quando fui chegando ao final do doutorado, mais precisamente no último ano, comecei a me incomodar muito com a minha pesquisa. Ali eu notei que concluía uma tese, mas que ao longo da minha trajetória acadêmica só tinha lido autores brancos – mais especificamente, dado o meu referencial teórico, autores brancos sudestinos e europeus –, e que, por isso, eu não conseguia me pensar pesquisadora, escritora, cientista. Percebi que havia um problema com as minhas referências. Além disso, naquele momento comecei a acessar leituras que questionavam a colonialidade do saber e passei a desenvolver conhecimento dentro desse campo. Também comecei a problematizar os conhecimentos clássicos e escolares dentro da teoria e me coloquei a refletir por que os clássicos africanos e indígenas não eram considerados ou, quando eram, somente conhecimentos populares eram colocados em pauta. Enfim, me vi em crise. Olhei para os problemas da minha esfera social mais próxima: genocídio negro na favela, irmão negro no alcoolismo por falta de oportunidade na vida, outro irmão passando por várias experiências racistas para cursar uma faculdade privada. Perguntei-me quando a minha luta e a minha pesquisa alcançariam essas pessoas. A teleologia da minha perspectiva teórica e de luta parecia meio escatológica, como se fosse uma revolução muito distante, e a minha dinâmica imediata de vida me demandava transformações urgentes. Morrendo no Brasil um jovem negro a cada 23 minutos, podendo ser ele um dos meus irmãos ou meu sobrinho, não me fazia mais sentido lutar apenas com o horizonte da transformação da base produtiva do capital, para só daí transformar a vida de todos os grupos sociais (negros, indígenas, mulheres, comunidade LGBTQIA+, pessoas com deficiência). Entrei em colapso teórico, pois, para mim, a teoria não pode se resumir meramente a algumas páginas que escrevo em um texto acadêmico; para mim, a teoria precisa ter implicação prática na vida.

Apesar de concordar com muitos elementos macroestruturais da teoria, eu ainda estava em crise, mas precisava daquele aumento salarial que viria com a progressão por titulação, então, estrategicamente, concluí o doutorado mesmo tendo vários desconfortos com a brancura da minha pesquisa. No entanto, quando finalizei a defesa, passei a estudar muito sobre decolonialidade e me encantei pelas críticas trazidas por ela, principalmente as que questionavam o modo de produção e reprodução tanto da existência em si quanto do conhecimento na academia ocidental.

Confesso que imaginei que havia me encontrado na decolonialidade. Parecia que ela dava conta dos meus mais novos ideais de mundo não eurocêntricos. Adorei essa coisa de sulear as epistemes, de dar voz aos marginalizados do mundo, de reconhecer produções intelectuais outrora desqualificadas, de valorizar os povos originários como os verdadeiros donos da terra, de enfrentar a colonialidade e, com ela, a nossa habitual "síndrome de vira-lata", entre muitas outras coisas. Passei os três anos da conclusão da minha tese me debruçando sobre o referencial, lendo e escrevendo sobre ele, quando de repente me fiz os mesmos questionamentos que havia feito lá atrás: "ok, suleei as referências, mas Ramón Grosfoguel, Walter Mignolo, Aníbal Quijano, Enrique Dussel, entre outros, por mais incríveis que sejam, não continuam sendo homens brancos cis que seguem com a centralidade epistêmica também nessa teoria, produzindo conhecimento acerca do outro (sobretudo, negros e indígenas), objetificando esses sujeitos e tutelando suas pautas e agendas?". Enfim, comecei a viajar novamente no brancocentrismo da produção intelectual, além de acessar categorias teóricas importantíssimas desenvolvidas por outros intelectuais negros e negras, como a amefricanidade e o pretuguês de Lélia Gonzalez; o genocídio cultural de Abdias Nascimento; o negro-vida e o negro-tema do Guerreiro Ramos; as obras de intelectuais como Frantz Fanon, Aimé Césaire, Ngũgĩ wa Thiong'o, George James e tantos outros que, na minha leitura, muito contribuíram com o pensamento decolonial, mas que não são citados pelos teóricos da decolonialidade nem são reconhecidos no movimento do giro decolonial. Em suma, me questionei: "quem descoloniza a decolonialidade?". Aí fui me desencantando e não mais me assumindo uma pensadora decolonial, embora continuasse levando comigo muitas das suas bases.

Nesse mesmo período dos estudos decoloniais, o feminismo negro foi uma importante ferramenta analítica para mim no entendimento do mundo a partir do enfrentamento aos marcadores patriarcais ocidentais na sua intersecção com o racismo. Eu sei que na condição de mulher negra já era atravessada pelo cruzamento do racismo com o patriarcado há muito tempo, mas não só a alienação cotidiana me impedia de ver essas questões, como também o referencial teórico me afastava dessas problemáticas ditas identitaristas. Meu entendimento era de que, resolvendo as questões de classes, todos os problemas sociais seriam solucionados em decorrência.

Criei muita identidade com o enfrentamento às hierarquias de gênero interseccionadas às opressões raciais, desenvolvi trabalhos, publiquei livro e artigos nessa perspectiva do feminismo negro, quando em um dado momento, a partir de leituras afrocêntricas, panafricanistas e mulheristas eu me convenci de que não podia tratar o homem negro nesse lugar do sujeito universal homem, pois o grande beneficiário do patriarcado é o homem branco. Entendi que o homem negro aprende com o Ocidente a desenvolver posturas machistas, mas que, na condição de homem negro, é atingido pela interseccionalidade de raça e gênero nos índices de genocídio, encarceramento em massa, situação de rua, uso de drogas etc., justamente por ser um homem negro. Refleti que, se fomos desumanizados enquanto povo, era enquanto povo que precisávamos nos levantar.

Nesse contexto passei a considerar que a questão de raça, para mim, precedia a questão de gênero. Entretanto, não me tornei mulherista ou panafricanista. Em toda a minha vida universitária, vi pessoas se digladiando academicamente por causa de referenciais teóricos e, num dado momento, passei a ver isso também dentro das militâncias progressista e negra. Enfim, me senti meio cansada nesse processo.

Autonomia na produção do pensamento

A partir do contexto apresentado, já havia entendido todas as transições teóricas que englobavam as minhas alterações de perspectiva de vida. E que estava tudo bem em não ter a "síndrome de Gabriela" ("eu nasci assim, eu cresci assim, vou ser sempre assim"). Eu entendo que está tudo bem em mudar de perspectiva de mundo desde que essa nova leitura da realidade seja ética e sempre respeite o direito de existir de toda e qualquer pessoa; qualquer perspectiva fora dessa ética não merece ser minimamente tolerada. Teorias são como roupas em que nos vestem, e dificilmente uma roupa projetada para outra pessoa me caberia por completo; muito possivelmente, quase sempre, algum pedacinho dessa roupa ficará desajustado. Na minha leitura da intelecpluralidade, isso não significa que eu deva jogar a roupa fora, mas sim que posso juntar os retalhos das roupas que me cabem e fazer uma vestimenta bem confortável e com a minha cara atual (pois amanhã posso querer fazer novos reajustes). Aqui eu me torno "barbarista", alguém que reuniu tudo que a Bárbara leu ao longo da vida e se constituiu a partir disso, juntando nas suas análises sociais e educacionais os elementos das diversas teorias acessadas que parecem ter sentido para mim.

Obviamente, eu precisei alcançar a maioridade intelectual para fazer isso, assumindo-me dentro da perspectiva da intelecpluralidade. Trocando em miúdos, essa maioridade intelectual significa autonomia na produção e reprodução do pensamento. Eu já não tinha uma banca para prestar conta na graduação, no mestrado ou no doutorado. Eu já era pensadora, doutora, concursada, e me senti à vontade para construir a minha intelecpluralidade sem ser uma papagaia teórica, podendo refletir criticamente sobre o que, como e para quem eu escrevia, sentindo-me livre para fazê-lo a partir da minha própria verdade e do meu bem-estar. Ser barbarista não é tornar-me um referencial teórico; é realizar um exercício de liberdade acerca das minhas mobilizações epistêmicas.

Ser mediano
não é ruim

Regularidades

Muito pra ser ruim

Pouco pra ser bom

Demorei pra entender que ser mediano na vida é um dom

Mas não foi fácil me encontrar

Entender o meu lugar

As pessoas sempre a subjugar

Passamos a na incompetência acreditar

Mas quem disse que é incompetente não ser excelente?

Em que circunstância executar bem o básico é incoerente?

Incoerência é procurar na excepcionalidade do mundo a regularidade

É para a regularidade criar descartabilidade

Valorize seu corre, estabeleça suas metas

Não deixe que um fulano qualquer dimensione suas entregas

Esse mundo adora cagar regra

E valorizar gente que à coletividade pouco agrega

Dia desses fiz um post no Instagram que deu muito o que falar. Nele eu me afirmava mediana e usei a palavra "medíocre" como sinônima. Foi uma grande confusão. Muita gente que gostava de mim veio dizer que não era para eu falar isso sobre mim, que era ofensivo, que eu era muito mais que isso. Até gente perguntando como estava a minha terapia surgiu (risos). Houve também aqueles que se identificaram e se sentiram fortalecidos com o discurso.

A realidade é que eu nunca fiz nada de forma profunda, mas faço muita coisa na medianidade. Vejo-me como uma generalista. Até já me afirmei meio pata: patos correm, nadam e voam, mas não fazem nada com o peso da excelência. Já cantei na igreja por anos, recentemente até participei do álbum do meu companheiro, mas não sou uma grande cantora; amo dançar, gravo e posto vários vídeos de dança, mas não sou uma bailarina excepcional; a corrida, para mim, é uma atividade pela qual sou apaixonada, pratico regularmente, mas não sou uma corredora com tempos profissionais; gosto de escrever poemas, como ficou evidente neste livro, mas não sou uma poetisa genial.

Dentro da própria academia, na realidade ao longo de toda a minha formação educacional, eu via pessoas que tiravam nota 10 nos componentes curriculares, e eu era aquela típica estudante mediana nota 8; na faculdade tinha até os amigos que eram geniais em áreas específicas – aquele colega excepcional em mecanismos de reações orgânicas, aquela colega fora da curva no cálculo, aquele estudante brilhante na inorgânica. E eu era a estudante generalista que simplesmente seguia de um semestre para o outro, sem grandes destaques, sem ser aluna premiada em nada, muito menos laureada na formatura. Nunca houve grandes habilidades, como as pessoas hoje afirmam que eu tenho. Eu gostava um pouquinho de tudo, me interessava em ler um pouco de tudo também. Não era a estudante que passava muitas horas estudando; fora as horas de aula diárias, passava cerca de duas horas por dia revisando os assuntos ou lendo sobre outras coisas. Nada de excepcional.

As pessoas julgavam inteligente ser das exatas e tal, mas eu nem me achava tão das exatas assim; cumpria ali o meu papel no curso de química, mas adorava ler história, filosofia, sociologia, educação. Eu sabia opinar, falar, dar pitaco sobre várias coisas, tudo com sentido e coerência, mas sem grande profundidade. Uma pessoa abrangente, contudo generalista e não especialista (embora obviamente tenha me tornado especialista nas minhas experiências de pesquisa de mestrado e doutorado) e nitidamente mediana.

O caminho do meio

Pessoas medianas são as mais comuns na nossa sociedade, mas são meio que invisíveis nos espaços em que atuam e transitam. Na escola, por exemplo, professores nunca se esquecem dos estudantes fora da curva (dos "melhores" ou dos "piores"), mas os medianos geralmente entram para o ostracismo; dificilmente os/as professores/as lembram seus nomes quando concluem a fase escolar. Mas você já pensou que, justamente por serem a maioria na sociedade, são as pessoas medianas que sustentam o mundo e fazem grandes revoluções dentro das suas singelas cotidianidades? Ainda assim, aprendemos que é ruim não se destacar em algo, que é ruim gostar de várias coisas e não se aprofundar especificamente em nenhuma delas. Por muitos anos me senti muito mal por isso, achava-me uma pessoa difusa, perdida. Levou muito tempo para eu perceber que a minha genialidade estava justamente naquilo que as pessoas preteriam, na minha capacidade, mas sobretudo no meu prazer, em ser uma pessoa de vários acessos pouco aprofundados em campos e temáticas diversas. Isso me possibilitou ser exatamente quem eu sou, e isso me dá a liberdade de entrar e sair de qualquer debate, bem como de dizer "não sei sobre isso, vou pesquisar a respeito" quando não me sentir segura para me colocar sobre o assunto.

==Ser mediano não é ruim, do mesmo jeito que ser fora da curva também não é. Ruim mesmo é não aceitar quem se é, é não buscar olhar para as suas potencialidades nem as valorizar.== A intelectualidade ocidental preza pela excepcionalidade. Geralmente, as histórias contadas são bem positivas (enquanto corrente filosófica mesmo), narrativas lineares de feitos geniais realizados por grandes ícones históricos. Essas narrativas pouco levam em consideração os coletivos que participaram do processo, muitas vezes compostos por diversas pessoas que tiveram múltiplos papéis no desenvolvimento daquele conhecimento – papéis aparentemente pequenos quando pensados isoladamente, mas imprescindíveis quando analisados dentro do escopo da totalidade. Cabe à intelecpluralidade valorizar e publicizar todos os atores e atrizes envolvidos no processo, aqueles e aquelas que estiveram nos bastidores da produção do conhecimento e foram fundamentais no desenvolvimento epistemológico. A narrativa de grandes heróis expropriadores dos saberes e dos trabalhos alheios está bem situada dentro da cosmopercepção ocidental; ela não adere à perspectiva da intelecpluralidade.

Essa dica vale para grandes pesquisadores/as (orientadores/as) que, seguindo na esteira do positivismo comteano, buscam construir vias de investigação pouco colaborativas e repletas de protagonismos. Dia desses uma doutoranda me pediu para falar publicamente sobre os casos de orientadores que, fazendo-se valer da inexperiência do/a jovem pesquisador/a, se apropriam dos projetos de mestrado e doutorado de seus orientandos e os submetem em editais como trabalhos próprios. É antiético, colegas. Se você nunca fez isso, parabéns! Se você fez ou faz, não tem por que insistir nessa atuação intelectual desonesta e equivocada. Os conhecimentos nos grandes programas de pesquisa são coletivos e não são menores por isso. Essa coletividade precisa, inclusive, ser celebrada.

Em síntese, é isso. A excepcionalidade é exceção, pois, se fosse regra, excepcionalidade ela não seria. Grande parte da população mundial é mediana e constrói coisas incríveis assim o sendo. Abrace-se, aceite-se, celebre-se assim do jeitinho que você é. Certamente a cotidianidade e a persistência da medianidade alcançam grandes conquistas.

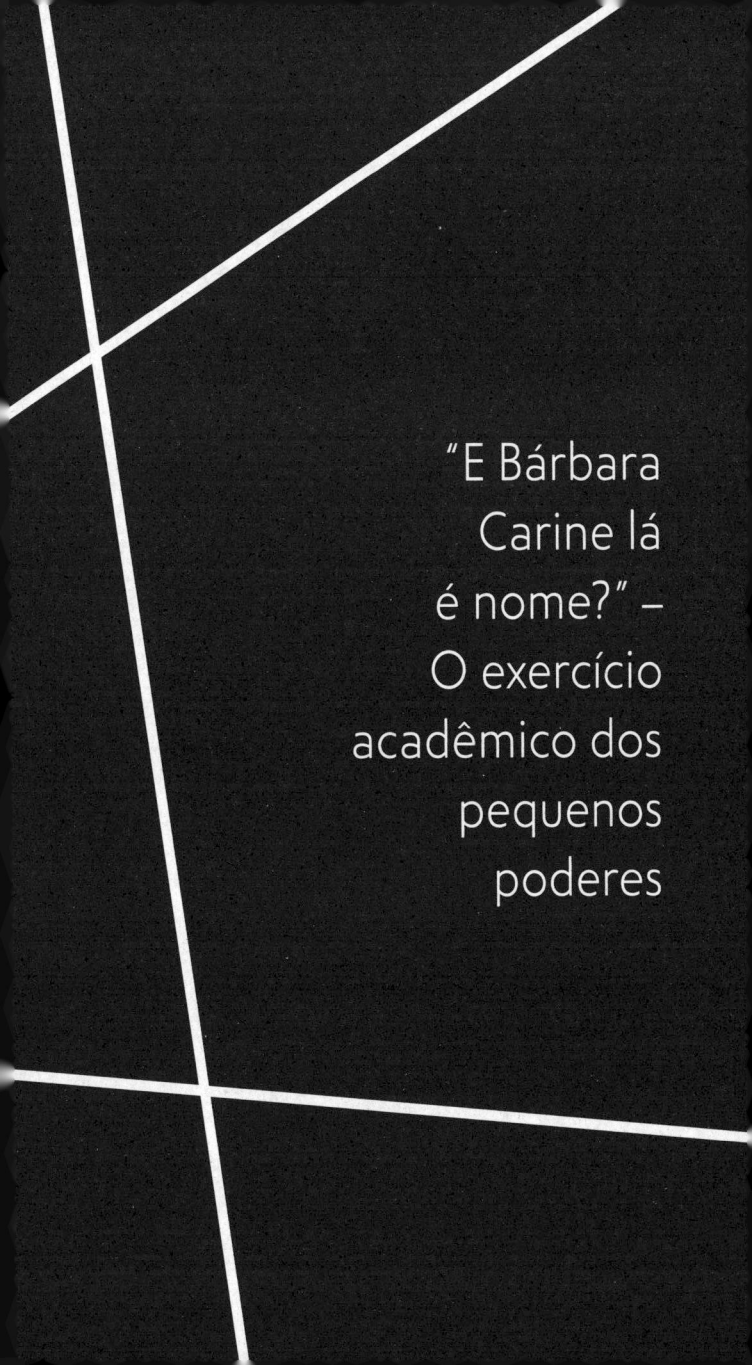

"E Bárbara
Carine lá
é nome?" –
O exercício
acadêmico dos
pequenos
poderes

Pequenos poderes

Não se deixe seduzir pelos pequenos poderes

Aqueles de pouca dimensão

Mas de muita satisfação

Eles são uma boa moradia

Para quem não aprendeu nada sobre empatia

Acessam desconfortavelmente o outro

Para o seu próprio gosto

Dessa troca nada de bom é acrescido

Na memória, apenas o trauma vivido

Não diminua alguém por ele parecer depender de você

O mundo é cíclico e logo
ali a vida vai te repreender

Cargos te colocam maior que uns, mas certamente socialmente menor que outros

Cuidado e gentileza precisam ser como vírus

Torço para que contaminem a todos

A universidade é um espaço de produção e reprodução de conhecimentos importantíssimo para o desenvolvimento sócio-histórico da humanidade e do que há para além de nós, humanos. Trata-se de um complexo social imprescindível para a continuidade da História. Acho que é justamente por isso, por esse capital social e simbólico (pois por dinheiro não é, já que infelizmente não tem como ficar rico sendo professor ou professora na nossa sociedade, mesmo atuando na universidade, onde os salários são um pouco maiores), que ela inspira o sentimento de pequenos poderes. É muito comum ouvirmos diversos relatos do exercício desse poder sobre o outro, principalmente sobre alguém que deseja acessar esse espaço.

Quando estava no mestrado, eu era uma das pouquíssimas estudantes negras da minha turma. Não tive nem professores negros ou negras. Era uma solidão racial tremenda, e isso gerou um senso de não pertencimento, uma relação de estranhamento com aquele espaço. Eu tinha também uma timidez que pessoas negras socialmente desenvolvem nos espaços de poder: como não somos socialmente projetados para o poder, entendemos que não podemos ser notados nesses territórios; precisamos estar neles de modo imperceptível. Eu, que era altamente comunicativa e extrovertida na minha quebrada, estava ali tímida, falando baixo, com um medo absurdo de ser exposta e humilhada a qualquer momento. Pois bem, fui fazer uma apresentação de um seminário no mestrado, e, na capa dos meus slides, coloquei apenas o nome Bárbara Carine, sendo que meu nome completo era Bárbara Carine Soares Pinheiro. O professor (obviamente um homem branco) me deixou iniciar a apresentação saudando a ele e os/as colegas, mas rapidamente me interrompeu, dizendo: "E Bárbara Carine lá é nome?". Aquela turma esmagadoramente branca riu da minha cara, e a tensão imensa que eu já tinha para fazer aquela exposição aumentou de forma absurda. Morri de vergonha e desandei todo o seminário. Tirei a menor nota da sala não só naquela apresentação, como na disciplina inteira naquele semestre.

Não foi das maiores humilhações que vivi na universidade. Quem acompanha a minha literatura sabe que sobrevivi a coisas muito piores, mas trago essa historinha aqui para falar de pequenos poderes. Qual a necessidade que o professor tinha de fazer isso? Em que sentido era pedagógico para mim ou para a turma? Se ele estava tão incomodado com a ausência do meu sobrenome, poderia simplesmente ter aguardado o final da apresentação e, nas suas pontuações, respeitosamente dizer: "E também sugiro que coloque o seu nome completo na confecção dos próximos slides, pois geralmente é assim que fazemos aqui na academia". Mas não, o sadismo vazio no usufruto dos pequenos poderes pareceu-lhe muito sedutor.

Do mesmo modo, não se explica estudantes terem crise de pânico ao pensarem em suas defesas de trabalho de conclusão de curso de graduação, mestrado e doutorado. Sem falar das desistências entre o exame de qualificação e a defesa. Podemos ainda mencionar a personificação dos traumas advindos dos processos seletivos de acesso acadêmico, principalmente os concursos para o magistério superior, bem como as seleções de mestrado e doutorado (pessoas que constroem relações de gatilhos com a sala do concurso, com a mesa da entrevista da seleção, com a cadeira em que sentou o arguidor etc.).

Não acho que se trata de puro sadismo. Acredito, sim, em um processo tácito de reprodução de dores e estigmas, uma perpetuação da política acadêmica ocidental do medo; algo do tipo "na minha época era pior". As pessoas vão aprendendo com suas próprias histórias que é preciso passar por "provações", como uma espécie de ritual de iniciação ou de passagem, atravessando desafios de todas as naturezas para acessar a universidade em suas diversas instâncias. Certamente um processo seletivo é um ritual de passagem, mas as provas precisam ser apenas de ordem didática e intelectual, e não de natureza emocional, sentimental. Óbvio que essa não é a postura de todo educador/a acadêmico/a. Entretanto, se essa é a percepção mais relatada fora da universidade acerca dos seus processos internos, isso requer uma atenção especial.

Por uma universidade saudável

A intelecpluralidade, na contramão da intelectualidade branca ocidental, pauta que a academia deve ser um lugar saudável, tanto pela vida dos sujeitos em si quanto por sua própria natureza, pois pessoas saudáveis e felizes produzem mais e melhor. Que transformemos a academia brasileira em um espaço da festividade dos conhecimentos, dos saberes plurais, socialmente críticos, implicados com a dignidade humana e com a harmonia do bioma terrestre e mundial.

Bárbara Carine é nome sim! É o nome da autora deste livro e de tantos outros, que buscam, por meio da ferramenta literária, construir um mundo mais justo, saudável e livre das opressões estruturais, sobretudo nos complexos sociais destinados à educação formal da população brasileira: a escola e a universidade. Bárbara Carine é nome, assim como o seu nome também é o nome de alguém potente que lutou muito para se tornar quem é e que só você sabe o preço alto que foi pago nessa longa trajetória de construção subjetiva. Saiba-se potente, ame a sua potência, a sua existência e a sua história, e nunca, nunquinha, permita que alguém o faça se sentir menor do que você é para que ele simplesmente pareça maior mediante a sua diminuição.

Referências

ADICHIE, Chimamanda. *O perigo de uma história única*. São Paulo: Companhia das Letras, 2019.

ALEGRIA da cidade. Intérprete: Lazzo Matumbi. Lzz Music & Creative Mkt, 2019.

BÂ, Amadou Hampâté. A tradição viva. *In*: KI-ZERBO, Joseph. (ed.) *História geral da África, I*: Metodologia e pré-história da África. 2. ed. rev. Brasília: UNESCO, 2010.

BERNAL, Martin. *A Atena negra*: as raízes afro-asiáticas da civilização clássica. Barcelona: Crítica, 1993.

CARINE, Bárbara. *Como ser um educador antirracista*. 5. ed. São Paulo: Planeta do Brasil, 2023.

CARNEIRO, Sueli. *Dispositivo de racialidade*: a construção do outro como não ser como fundamento do ser. São Paulo: Zahar, 2023.

CÉSAIRE, Aimé. *Discurso sobre o colonialismo*. Portugal: Livraria Sá da Costa Editora, 2006.

CUNHA JUNIOR, Henrique. *Tecnologia africana na formação brasileira*. Rio de Janeiro: CEAP, 2010.

DIOP, Cheikh Anta. Origem dos antigos egípcios. *In*: MOKHTAR, Gamal (org.). *História geral da África, II*: África antiga. São Paulo: Ática/UNESCO, 1983. p. 39-70.

EVARISTO, Conceição. A escrevivência e seus subtextos. *In*: DUARTE, Constância Lima; NUNES, Isabella Rosado. *Escrevivência, a escrita de nós*: reflexões sobre a obra de Conceição Evaristo. Rio de Janeiro: Mina Comunicação e Arte, 2020.

EVARISTO, Conceição. *Becos da memória*. São Paulo: Pallas, 2006.

EVARISTO, Conceição. Escritora Conceição Evaristo é convidada do Estação Plural: depoimento [jun. 2017]. Entrevistadores: Ellen Oléria, Fernando Oliveira e Mel Gonçalves. TV BRASIL, 2017. *YouTube*. Disponível em: https://www.youtube.com/watch?v=Xn2gj1hGsoo. Acesso em: 15 jul. 2018.

FANON, Frantz. *Os condenados da terra*. Trad. José Laurênio de Melo. Rio de Janeiro: Civilização Brasileira, 1968.

FANON, Frantz. *Pele negra, máscaras brancas*. Salvador: EDUFBA, 2008.

FLUZIN, Philippe. *The Origins of Iron Metallurgy in Africa New light on its antiquity*: West and Central Africa. Paris: UNESCO, 2004.

FREITAS, Henrique. Pilhagem epistêmica. *In*: LANDULFO, Cristiane M. C. L.; MATOS, Doris C. V. S. (orgs.). *Suleando conceitos e linguagens*: decolonialidades e epistemologias outras - volume 2. Campinas: Pontes Editores, 2022.

GOMES, Nilma Lino. Apresentação. *In*: SILVA, P. V. B.; RÉGIS, K.; MIRANDA, A. (orgs.). *Educação das relações étnico-raciais*: o estado da arte. Curitiba: NEAB-UFPR e ABPN, 2018. p. 13-17.

GOMES, Nilma Lino. *O movimento negro educador*: saberes construídos nas lutas por emancipação. Petrópolis: Vozes, 2017.

GONZALEZ, Lélia. A categoria político-cultural de amefricanidade. *Tempo Brasileiro*, Rio de Janeiro, n. 92/93, p. 69-82, jan./jun. 1988.

GUERREIRO RAMOS, Alberto. Patologia social do branco brasileiro. *Jornal do Commercio*, jan. 1955.

HOOKS, bell. Intelectuais negras. *Revista Estudos Feministas*, v. 3, n. 2, 1995.

JAMES, George G. M. *Stolen Legacy*. Nova York: Philosophical Library, 1954.

JAUMONT, Jonathan.; VARELLA, Renata V. S. A pesquisa militante na América Latina: trajetória, caminhos e possibilidades. *Revista Direito & Práxis*, n. 7, v. 13, p. 414-464. 2016.

KILOMBA, Grada. *Memórias da plantação*: Episódios de racismo cotidiano. Trad. Jess Oliveira. Rio de Janeiro: Cobogó, 2019.

KRENAK, Ailton. *Ideias para adiar o fim do mundo*. São Paulo: Companhia das Letras, 2019.

MACHADO, Carlos; LORAS, Alexandra. *Gênios da humanidade*: ciência, tecnologia e inovação africana e afrodescendente. São Paulo: DBA, 2017.

MBEMBE, Achille. *Necropolítica*. São Paulo: N-1 Edições, 2018.

MODINHA para Gabriela. Intérprete: Gal Costa. Compositor: Dorival Caymmi. *In*: COLEÇÃO Obras-Primas. Universal Music, 1996. CD, faixa 10.

MUDIMBE, Valentin Y. *The Invention of Africa*. Londres: James Currey, 1988.

MUNANGA, Kabengele. *Rediscutindo a mestiçagem no brasil*: Identidade nacional versus identidade negra. Petrópolis: Vozes, 1999.

MUNDURUKU, Daniel. Educação Indígena: do corpo, da mente e do espírito. *Revista Múltiplas Leituras*, v. 2, n. 1, p. 21-29, jan./jun., 2009.

NASCIMENTO, Abdias. *O genocídio do negro brasileiro*: processo de um racismo mascarado. São Paulo: Perspectivas, 2016.

NASCIMENTO, Elisa. Introdução às antigas civilizações africanas. *In: Sankofa*: matrizes africanas da Cultura Brasileira, Rio de Janeiro: UERJ, 1996.

PINHEIRO, Bárbara Carine Soares. *@Descolonizando_saberes*: Mulheres negras na ciência. São Paulo: LF Editorial, 2020.

PINHEIRO, Bárbara Carine Soares. *História preta das coisas*: 50 invenções científico-tecnológicas de pessoas negras. São Paulo: LF Editorial, 2021.

PINHEIRO, Bárbara Carine Soares. *Uma intelectual diferentona em verso e prosa*. São Paulo: LF Editorial, 2022.

RUFINO, Luiz. *Pedagogia das encruzilhadas*. Rio de Janeiro: Morula Editoral, 2019.

SANTOS, Antônio Bispo dos. *Colonização, quilombos*: modos e significados. Brasília: Instituto Nacional de Ciência e Tecnologia de Inclusão no Ensino Superior e na Pesquisa, 2015.

SANTOS, Gislene A. Racismo institucional: uma análise a partir da perspectiva dos estudos pós-coloniais e da Ética. *Ensaios Filosóficos*, v. 11, p. 145-165, 2015.

SILVA, Renato. *Isto não é magia; é tecnologia*: subsídios para o estudo da cultura material e das transferências tecnológicas africanas 'num' novo mundo. São Paulo: Ferreavox, 2013.

TERENA, Luiz Eloy; DUPRAT, Deborah. O genocídio indígena atual. *Guarimã – Revista de Antropologia & Política*, vol. 2, n. 1, jan.-jul., 2021.

TODO enfiado. Intérprete: O Troco. EMI Music, 2009.

WA THIONG'O, Ngũgĩ. *Decolonising the Mind.* Harare: Zimbabwe Publishing House, 1981.

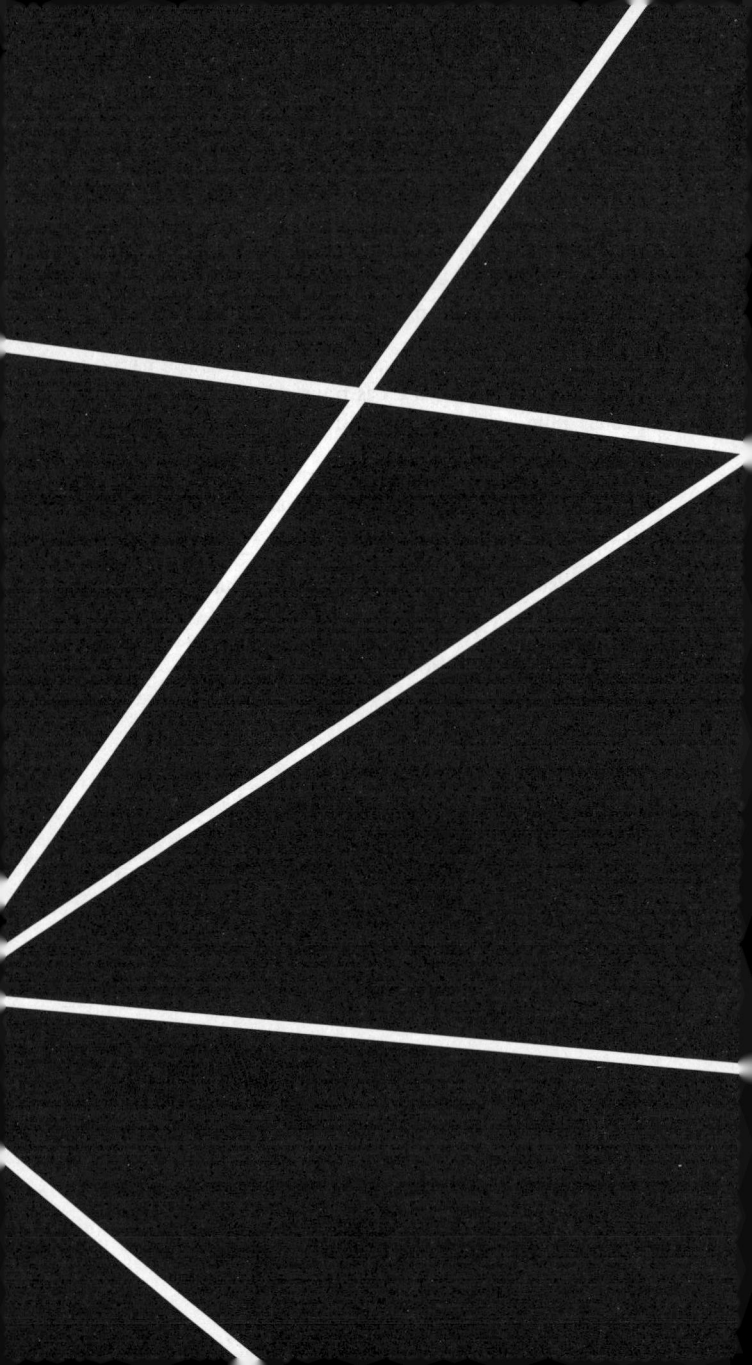